辽宁省社会科学规划基金(编号：L18DTJ001)资助
大连交通大学学术著作出版基金资助

中国房地产市场发展

China's real estate market development and research

赵雪凌 ◎ 著

图书在版编目（CIP）数据

中国房地产市场发展/赵雪凌著. —北京：经济管理出版社，2019.5
ISBN 978-7-5096-6465-0

Ⅰ.①中… Ⅱ.①赵… Ⅲ.①房地产市场—经济发展—研究—中国 Ⅳ.①F299.233.5

中国版本图书馆 CIP 数据核字（2019）第 054381 号

组稿编辑：王光艳
责任编辑：魏晨红
责任印制：黄章平
责任校对：张晓燕

出版发行：经济管理出版社
　　　　　（北京市海淀区北蜂窝 8 号中雅大厦 A 座 11 层　100038）
网　　址：www.E-mp.com.cn
电　　话：（010）51915602
印　　刷：北京玺诚印务有限公司
经　　销：新华书店
开　　本：720mm×1000mm/16
印　　张：10.5
字　　数：159 千字
版　　次：2019 年 5 月第 1 版　2019 年 5 月第 1 次印刷
书　　号：ISBN 978-7-5096-6465-0
定　　价：58.00 元

·版权所有　翻印必究·
凡购本社图书，如有印装错误，由本社读者服务部负责调换。
联系地址：北京阜外月坛北小街 2 号
电话：（010）68022974　　邮编：100836

前　言

安得广厦千万间？1978年改革开放以前，我国城市住房实行的是计划经济体制下的实物分配制度。1980年住房被中央定义为商品，我国开始了住房商品化的探索，房地产业从无到有，迅速发展壮大。1998年我国取消了福利分房制度，实现了房地产真正意义上的市场化。此后20年，我国房地产市场高速发展，对国民经济和人民生活都产生了重大的影响，住房不仅体现为满足人们的居住功能，也具备了投资功能和拉动经济增长的功能。从产业本身来看，房地产业对GDP的贡献率呈现逐年上升的趋势，2016年房地产业对GDP的贡献率为6.5%左右，2018年房地产业对国内GDP的贡献率达到59846亿元；从关联产业来看，房地产业对金融业、建筑业、餐饮住宿业、零售业、交通运输业、电力行业、热力、燃气和水的生产和供应业、制造业、公共管理和组织等产业都有不同程度的拉动作用。因此，房地产业已经成为国民经济的支柱产业，房地产市场的发展显著、有效地促进了我国的经济增长。

但是，住房的投资功能和拉动经济增长的功能可能会产生相应的风险。当房地产市场的投资需求过度发展时，会导致大量的资金进入房地产业，一方面会推高房价，导致中低收入群体无法满足基本的居住需求；另一方面，过多资金的进入也会导致资产泡沫集聚，会影响国民经济的稳定甚至存在引发危机的可能。因此，当房地产市场需求不足时，房地产投资的减少会带来房地产及其关联行业的衰退，进而引发国民经济的下行。为了维持房地产市场的稳定，政府试图通过政策干预保持其稳定的发展态势，因此我国房地产市场的发展几乎是伴随着政策调控共舞的历程。房地产市场由于其具有满足人民基本居住需求的社会功能，且房地产市场自身较难在短时期内由自身实现均衡，因此政府的调控是必不可少的。问题在于过去 20 年我们的调控措施非常频繁，几乎呈现了"一管就死，一放就乱"的状态，过于频繁并且大力度的调控措施影响了房地产市场正常的市场规律，尤其是呈现升级使用的行政性调控手段打乱了需求释放的步调，由于开发的周期性从长期看甚至会放大供求矛盾。历次对房地产市场调控的经验显示，要保障房地产市场的长期稳定运行，必须尽快建立房地产市场的长效运行机制。

对房地产市场长效运行机制的探讨必须建立在房地产市场发展情况的基础上，如何系统、全面地衡量房地产市场的发展状况是基础的、关键性的问题。本书正是以此作为研究的切入点，通过对我国房地产市场发展现状的分析，构建了中国房地产市场发展水平的评价指标体系，对中国房地产市场的发展水平进行了评价，并在此基础上进行了提升中国房地产市场发展水平的对策研究。

全书按研究的逻辑顺序共分为六章，各章内容及主要观点如下：

第 1 章，中国房地产市场的现状研究。本章主要从中国房地产市场的发展历程、供求关系、关联产业环境、区域分布特点等方面对中国房地产市场发展的现状进行分析。首先，本章将我国房地产市场的发展分为三个阶段：第一阶段是房地产业的形成阶段（1978～1997 年），在这一阶段明确了住宅的商品属性，探索了存量公房私有化的方式，形成了我国房地产行业的发展雏形；第二阶段是房地产市场化阶段（1998～2003 年），中国房地产业进入了真正的市场化阶段，中国房地产市场处在稳步增长阶段，政策的重点在于培育和规范房地产市场的发展；第三阶段是快速发展与密集调控阶段（2004 年至今），中国房地产市场在政府的紧缩性调控和宽松性调控中震荡发展。其次，本章采用了 2010～2017 年的数据对中国房地产市场进行供求分析，供给情况从房地产开发投资、土地市场情况、建筑施工情况展开分析，需求情况主要使用房屋销售面积、销售额等指标，并在此基础上对影响中国房地产市场供需的因素进行了分析。再次，本章从后向、前向、环向的角度对房地产市场的关联产业环境进行分析，认为我国房地产业仍是采用传统的、生产能力扩张的发展方式，这与我国当前正处在工业化的进程是密切相关的；中国的房地产行业的发展趋势呈现出与中国经济结构调整和产业结构优化很强的一致性，也就是服务化的趋势；房地产业的发展可以在很大程度上促进就业增长，住房的价格波动对物价总水平也会产生较大的影响；房地产行业受政府干预大、政策性强；经济增长不能再过度依赖房地产业，应该逐步培育新的经济增长点。最后，对中国房地产市场的区域分布特点进行了分析，认为中国房地产市场发展呈现明显的区域不均衡性，并从历史原因、财政体制、资源分配和户籍四方面对不均衡性的成因进行分析，认为地区发展不平衡导致房地产市场的分化，进而导致了调控政策的局限性，区域发展是房地产市场最重要的基本面。对房地产市场未来的判断要回归区域发展的层面，关注区域发展的战略规划、政策引导和资金支持等方面。

第2章，中国房地产市场调控政策及作用机制分析。本章从土地政策、金融政策、税收政策、行政手段四个方面对我国的房地产市场相关政策进行了综述，并且分析了各项政策的作用机制。

第3章，中国房地产市场发展水平的评价指标体系研究。本章在界定房地产市场发展水平的基础上确定了其评价指标体系。本书认为对于我国房地产市场发展水平的理解可以通过构建综合评价指标体系加以衡量，首先应该包括的是市场化的程度。其次，对房地产市场发展水平的理解应该反映市场的运行情况，可以从以下三个维度展开：第一是时间维度，既应包括反映房地产市场发展的现状，又应包括对房地产市场的发展潜力进行预判；第二是结构维度，可以从市场结构、市场行为、市场绩效等多个方面展开；第三是空间维度，对于房地产市场发展水平的衡量应该建立在区域分析的基础上。因此，本章从房地产市场成熟程度、房地产市场运行情况、房地产市场发展潜力三个方面确立了35个指标的评价指标体系。

第4章，中国房地产市场发展水平的评价方法体系研究。本章采用主观、客观组合赋权方法。其中，主观赋权方法采用层次分析法（AHP），客观赋权方法采用熵值法和标准差法，并采用评价结果最小差距最大化的组合赋权方法计算组合系数。

第5章，中国房地产市场发展水平评价。本章选取中国2000～2016年房地产市场的发展情况作为评价对象，并根据第3章构建的评价指标体系，搜集相关数据，计算对应的指标评分，对中国房地产市场发展水平的总体情况进行了分析。研究结果表明，在2000~2016年，中国房地产市场的发展水平基本呈上升趋势，虽然中间也出现了一些回调，但总体发展水平有一定的提升。从影响中国房地产市场的发展因素来看，市场供求力量的对比是房地产市场发展的根本原因，因此对于房地产市场的调控也应该着眼于市场供求力量的改变。市场规模、消费者购买力、房地产市场的收益情况和外部环境也是影响房地产市场发展的重要因素，房地产人才市场或平台建设情况和房地产市场中介组织即为推动房地产市场健康发展的人才和客观配套条件。

第6章，提升中国房地产市场发展水平的对策研究。本章从加强要素市场建设、促进非公有制经济在房地产市场发展、促进房地产中介行业的发展、理顺政府和市场的关系、建立长效调控机制、转变增长方式、培育新的增长点等方面对提升中国房地产市场的发展水平提出了建议。

在本书写作过程中，得到了很多专家学者的热心指导和不吝赐教。特别感谢姜昱汐教授参与了研究过程，并提出了中肯的意见和建议，在遇到困难的时候给予我鼓励，没有她不遗余力的支持，就不会有本书的出版。感谢肖旭教授从产业经济学角度的答疑释惑。感谢研究生徐雪进行了数据的收集和部分整理工作。感谢我的同事们给予的关照和支持，感谢周艳老师在我入校之初就给予的温暖，感谢门贵斌教授、姜岩副教授、唐可月副教授、郭志达副教授、赵富洋老师在科研和教学工作中对我的提携和帮助。感谢我的家人和朋友，感谢他们一直以来的陪伴、支持和鼓励。

感谢辽宁省社会科学规划基金（编号：L18DTJ001）和大连交通大学学术著作出版基金资助出版。同时感谢经济管理出版社在出版过程中的帮助和支持。

在本书的研究和写作过程中，参考了国内外学者的大量研究成果，我已尽己所能在参考文献中列出。感谢他们对研究工作的思想启迪。

由于作者水平所限，书中可能存在纰漏或错误之处，敬请读者批评指正。

赵雪凌

2019年3月

目 录

第1章 中国房地产市场的现状研究 ································· 1

 1.1 中国房地产市场发展历程 ······································· 1

  1.1.1 第一阶段：房地产业的形成阶段（1978~1997年） ········· 1

  1.1.2 第二阶段：房地产市场化阶段（1998~2003年） ············ 3

  1.1.3 第三阶段：快速发展与密集调控阶段（2004年至今） ········ 4

 1.2 中国房地产市场供需分析 ······································· 11

  1.2.1 中国房地产市场供给情况分析 ···························· 11

  1.2.2 中国房地产市场需求情况分析 ···························· 18

  1.2.3 中国房地产市场供给和需求的影响因素分析 ················ 20

 1.3 中国房地产的关联产业环境分析 ································· 23

  1.3.1 房地产业的后向关联产业 ································ 23

  1.3.2 房地产业的前向关联产业 ································ 24

  1.3.3 房地产业的环向关联产业 ································ 25

  1.3.4 房地产业的关联产业分析 ································ 25

 1.4 中国房地产市场区域分布特点分析 ······························· 26

  1.4.1 中国房地产市场发展呈现明显的区域不均衡性 ·············· 26

  1.4.2 房地产市场地区发展不均衡的成因分析 ···················· 29

  1.4.3 房地产市场地区发展不均衡的影响 ························ 30

第2章 中国房地产市场调控政策及作用机制分析 ………… 32

2.1 土地政策 ………… 32
2.1.1 我国土地的供应方式和供应政策变化 ………… 32
2.1.2 土地政策对房地产市场的调节机制分析 ………… 47

2.2 金融政策 ………… 49
2.2.1 我国房地产金融政策的构成及变化 ………… 49
2.2.2 金融政策对房地产市场的调节机制分析 ………… 59

2.3 税收政策 ………… 61
2.3.1 我国房地产税收政策的构成和变化 ………… 61
2.3.2 税收政策对房地产市场的作用机制分析 ………… 67

2.4 行政手段 ………… 68
2.4.1 我国房地产市场调控的行政手段 ………… 68
2.4.2 行政手段对房地产市场的作用机制分析 ………… 73

第3章 中国房地产市场发展水平的评价指标体系研究 ………… 75

3.1 房地产市场发展水平的内涵 ………… 75
3.1.1 市场成熟程度 ………… 80
3.1.2 市场运行状况 ………… 90
3.1.3 市场发展潜力 ………… 93

3.2 中国房地产市场发展水平的评价指标体系的建立 ………… 95
3.2.1 房地产市场发展水平的指标设立的原则 ………… 95
3.2.2 房地产市场发展水平的评价指标体系的构建 ………… 97

第4章 中国房地产市场发展水平的评价方法体系研究 ………… 112

4.1 指标评分方法 ………… 112

4.2 单一指标赋权方法 ……………………………………………… 113
4.2.1 层次分析法 …………………………………………… 113
4.2.2 熵权法 ………………………………………………… 116
4.2.3 标准离差法 …………………………………………… 117

4.3 组合赋权方法 ……………………………………………… 118
4.3.1 最小评价值差距最大化的组合赋权模型 …………… 118
4.3.2 基于组合赋权的评价模型构建 ……………………… 119

第5章 中国房地产市场发展水平评价 ……………………………… 120

5.1 数据来源 …………………………………………………… 120

5.2 指标数据的标准化处理 …………………………………… 122
5.2.1 正向指标的标准化 …………………………………… 122
5.2.2 负向指标的标准化 …………………………………… 122

5.3 基于最小差距最大化的组合赋权实证研究 ……………… 124
5.3.1 AHP 法计算主观权重 ………………………………… 124
5.3.2 熵权法计算客观权重 ………………………………… 126
5.3.3 标准离差法计算客观权重 …………………………… 126
5.3.4 基于评分总差距最大化的指标组合权重 …………… 128
5.3.5 2000~2016 年的评价结果的计算和排名 …………… 128

5.4 评价结果分析 ……………………………………………… 129
5.4.1 中国房地产市场发展水平总体变化趋势 …………… 129
5.4.2 影响中国房地产发展水平的关键因素分析 ………… 132

第6章 提升中国房地产市场发展水平的对策研究 ………………… 134

6.1 加强房地产要素市场建设 ………………………………… 134
6.1.1 加强土地市场建设 …………………………………… 134

6.1.2 加强金融市场建设 137
6.1.3 加强房地产人才市场建设 138

6.2 促进非公有制经济在房地产市场的发展 139
6.2.1 法律层面的保护 139
6.2.2 政策层面的支持 140

6.3 促进房地产中介行业的发展 141
6.3.1 政府层面的促进措施 141
6.3.2 企业层面的发展措施 143

6.4 理顺政府和市场的关系，建立长效调控机制 145
6.4.1 理顺房地产市场中政府与市场的关系 145
6.4.2 建立房地产市场的长效调控机制 146

6.5 转变增长方式，培育新的增长点 147
6.5.1 转变增长方式 148
6.5.2 培育新的增长点 148

6.6 结束语 149

参考文献 150

第 1 章
中国房地产市场的现状研究

1.1 中国房地产市场发展历程[①][②]

1.1.1 第一阶段:房地产业的形成阶段(1978~1997年)

1978年之前,我国实行的是高度集中的计划经济体制,房地产并没有成为一个独立的产业,住房也不是用来交易的产品。我国的城市住房采用国家统一建设、按照不同标准对城市居民进行实物分配的方式;农民住房是以集体土地所有制的宅基地自建房为主。

1980年,中共中央、国务院批转了《全国基本建设工作会议汇报提纲》,"准许私人建房、买房,准许私人拥有自己的住房",正式宣布了将实行住宅商品化的政策。因此,也有人把1980年称为中国房地产的元年,因为这一年房屋被定义为了商品。

---

① 鲁君四. 中国房地产业发展对经济增长的影响研究 [D]. 吉林大学博士学位论文,2017.
② 光宇吐楼市. 中国房地产40年发展历程的6个阶段,那时候房价68元也买不起 [EB/OL]. https://baijiahao.baidu.com/s?id=1596635612782924393&wfr=spider&for=pc,2018-04-02.

1981年，深圳和广州开始搞商品房开发的试点。1982年，中央政府开始推动实施实质的住房改革。1981~1986年，国家在全国多个城市及部分县镇推行全价售房和试点推行补贴售房，但是都没有达到预期效果。1986年2月，国务院成立了住房制度改革领导小组，以"大幅度的提租补贴、租售结合"为改革思路在烟台、蚌埠、唐山三市进行试点取得了成功的经验，为全国房改工作提供了可供借鉴的思路。

1987年，深圳进行了首次公开土地拍卖。土地作为生产要素进入市场。

1988年1月，国务院召开了"第一次全国住房制度改革工作会议"；2月，国务院批准了《关于在全国城镇分期分批推行住房制度改革的实施方案》，我国住房制度改革进入了整体方案设计和全面实施阶段。

1990年5月，《中华人民共和国城镇国有土地使用权出让和转让暂行条例》颁布，为土地使用权的转让提供了法律依据，建立了房地产流动的法律基础。

1991年，国务院颁发了《关于全面推进城镇住房制度改革的意见》，明确了住房制度改革的指导思想和根本目的，制定了房改的总体目标和分阶段目标，提出了房改的四项基本原则，规定了房改的十二大政策。

1992年，《上海住房制度改革实施方案》获批实施，该方案率先在中国实行公积金制度，提出了租金补贴、购房折扣措施等内容。这套改革方案提出产权意识和市场化价格这两个重要概念，成为中国住房制度改革的重要范本，对全国的房改产生了巨大的影响和推动作用。

房地产成为国民经济的热点，大量投资涌入房地产领域，个别地区出现了房地产过热的趋势。1993年6月，时任国务院副总理朱镕基宣布终止房地产公司上市、全面控制银行资金进入房地产业；国务院发布《关于当前经济情况和加强宏观调控意见》，提出整顿金融秩序的十六条措施。

经过这轮宏观经济调控后，房地产投资增长率大幅回落，但是也留下了大量烂尾楼和对银行的冲击。这次调控也是一个开始，在之后的改革中，政府加大了对房地产金融市场的监控以及对土地使用权限的监管。

1994年，国务院发布了《国务院关于深化城镇住房制度改革的决定》，住房公积金制度在全国范围内推行,并首次提出建设经济适用住房、鼓励集资建房和危房改造。"房改房"的概念由此诞生,"房改房"是城镇住房制度改革的过渡政策,标志着私有房产买卖和交易的实现,在一定程度上实现了公有住房私有化。

1978~1998年,中国住房制度的改革主要集中在以下几个方面:第一,明确了住宅的商品属性;第二,探索了存量公房私有化的方式;第三,形成了我国房地产行业的发展雏形。但是,在这一阶段房地产价格体系尚未明确,房地产还没有达到完全商业化的状态。

1.1.2 第二阶段:房地产市场化阶段(1998~2003年)

1998年7月3日,国务院下发了《关于进一步深化城镇住房制度改革加快住房建设的通知》,取消福利分房政策,标志着中国房地产业真正进入了市场化发展阶段。因为取消福利分房,首先,意味着城镇居民对住房的需求需要通过市场供给来获得满足;其次,住宅的供应也将由非商品化的计划制转化为商品化的市场制;最后,存量房产产生交易需求,形成了对房屋二级市场的需求。因此,如果从市场角度来研究中国的房地产业,1998年可以被称为中国房地产市场的开始。

1998年《土地管理法实施条例》的颁布,标志着中国土地使用制度初步建立和土地管理法律体系初步形成。

为了应对亚洲金融危机,1998年5月,中国人民银行出台了《个人住房贷款管理办法》,提出个人购房首付款不低于房价的30%,贷款期限不得超过20年,这是第一批为房地产市场发展提供支持调控政策的文件。1999年,财政部、国家税务总局、建设部陆续出台了《关于调整房地产市场若干税收政策的通知》《关于个人出售住房所得征收个人所得税有关问题的通知》,对房地产二级市场涉及的营业税、契税、土地增值税、个人所得税实行优惠。这些先后出台的政策有效地促进了房地产市场的蓬勃发展。

2001年，中国加入世界贸易组织（WTO）以后，随着城市化进程的推进和人口流动的增加，房地产交易迅速增加，房地产市场在部分地区出现了不同程度的过热。

2002年2月，建设部下发了《关于规范房地产开发企业开发建设行为的通知》。5月，建设部、国家经贸委、财政部、国土资源部、工商总局、监察部又联合下发了《关于整顿和规范房地产市场秩序的通知》。2002年7月，国土资源部颁发了《招标拍卖挂牌出让国有土地使用权规定》，规定商业、旅游、娱乐和商品住宅等各类经营性用地，必须以招标、拍卖或者挂牌的方式进行公开交易。

2003年4月，中国人民银行下发了《关于进一步加强房地产信贷业务管理的通知》。对购买高档商品房、别墅或第二套以上含第二套商品房的贷款人，适当提高首付款比例，不再执行住房贷款优惠利率。

这些文件表明政府趋向于采取抑制房地产过热的措施。但是2003年"非典"疫情对国民经济的发展产生了意外的冲击，为了维持经济增长，2003年8月，国务院发布了《关于促进房地产市场持续健康发展的通知》，将房地产业定位为拉动国家经济发展的支柱产业之一，鼓励通过房地产发展扩大内需，拉动投资增长。之后，商品房价格持续上扬。

1998~2003年，中国房地产市场处在稳步增长阶段，政策的重点在于培育和规范房地产市场的发展。

1.1.3 第三阶段：快速发展与密集调控阶段（2004年至今）

2004年，大部分城市房屋销售价格上涨明显，暴露出商品房结构不合理等问题。政府出台了多项措施进行宏观调控。在宏观政策的调控下，2005年房地产投资出现小幅度回落，但房价依然处于上涨趋势。在一线城市，购房者由居住需求转向以投资需求、投机需求为导向的市场，中国房价脱离本质供需关系，进入虚高时期[①]。2006年,国家继续紧缩型调控政策,金融政策方面继续上调贷款利率,税收政策方面对个人对外销售购买不足5年的住房要全额征收营业税,对二手房转让征收个人所得税。土地政策方面对招标拍卖挂牌或协议出让国有土地使用权的范围作了细化。对外商投资也出台了抑制措施,加强了对外商投资企业房地产开发经营、境外机构和个人购房资格和外汇的管理。这些政策并没有抑制住房价的上涨,一方面是由于中国金融业按WTO规定全面放开,外资银行进入个人房贷领域,带来了外资和热钱的冲击;另一方面是因为流动性过剩、投资渠道狭窄。

2007年,美国次贷危机导致了全球经济的震荡和低迷,我国的房地产调控政策依然以抑制房地产投资为主,如中国人民银行多次加息并提高了贷款首付款比例,中国的房地产开发投资呈现下行趋势,部分中小房地产企业倒闭。但是,2007年全国十届人大五次会议表决通过了《中华人民共和国物权法》(以下简称《物权法》),《物权法》作为确认财产、利用财产和保护财产的基本法律,对于法律体系的完善、经济的发展都具有重要的意义;《物权法》中的"住宅建设用地使用权期间届满的,自动续期"这一规定,打消了民众对70年使用期满后国家回收土地的顾虑,有利于提高购买不动产的积极性。

2008年,国家的调控政策发生了剧烈变化。在9月之前,仍然是抑制性的措施,中国人民银行全年共5次上调存款准备金率。要求土地闲置满两年、应当依法无偿收回。受国际经济形势的影响,我国的房地产交易量出现大幅度的下降,房价自8月开始出现环比价格下跌,土地出现流拍现象。国家的宏观政策转为扶持和促进房地产市场发展的方向。金融政策方面中国人民银行下调人民币贷款基准利率和中小金融机构人民币存款准备金率;将最低首付款比例调整为20%;下调个人住房公积金贷款利率。税收政策方面,对个人首次购买90平方米及以下普通住房的契税税率暂统一下调到1%;对个人销售或购买住房暂免征收印花

---

① 鲁君四. 中国房地产业发展对经济增长的影响研究[D]. 吉林大学博士学位论文,2017.

税；对个人销售住房暂免征收土地增值税。

2009年，中国政府继续出台了包括税收优惠和信贷放松等一系列政策。金融政策方面，5月国务院发布《关于调整固定资产投资项目资本金比例的通知》，决定保障性住房和普通商品住房项目的最低资本金比例为20%，其他房地产开发项目的最低资本金比例为30%。这是自2004年以来执行35%自有资本金贷款比例后的首次下调，已恢复到1996年开始实行资本金制度时的水平。税收政策方面，支持居民购买自住型和改善型住房的信贷、税收和其他政策，对符合条件的第二套普通自住房购买者，比照执行首次贷款购买普通自住房的优惠政策。土地政策方面，进一步提出要建立健全土地承包经营权流转市场。在多管齐下的政策调控下，中国房地产市场在5月价格大幅上涨，下半年房价和成交量双双创造历史新高。

2009年末，调控政策的风向发生转变，税收政策作出调整，个人住房转让免营业税时限由2年恢复到5年。土地政策方面，规定全部土地出让价款原则上不得超过一年全部缴清，首次缴款比例不得低于全部土地出让款的50%；对严格土地供应和开发利用的监管，严查土地闲置情况。市场出现了短期内观望的情况，二手房成交量下降，但是2010年春节后市场又恢复上涨。

2010年，继续比较严格的调控政策。金融政策方面，提高了对首付款比例的要求，暂停发放第三套及以上住房贷款，上调了一年期存贷款基准利率和个人住房公积金贷款利率。土地政策方面，提高了经济适用住房、廉租住房和中低价位、中小套型普通商品住房用地占住宅用地的比例，严格土地竞买人资格审查，土地闲置一年以上竞买人及其控股股东将被禁止拿地。税收政策方面，提出房产的共同购买人均不适用首次购买普通住房的契税优惠政策。进一步规范境外机构和个人购房管理，要求境外个人在境内只能购买一套自住的住房。行政手段上，4月27日，国务院首次下发文件提出将限购作为临时性的措施以遏制部分城市房价的过快上涨。在调控措施的发力下，2010年的房屋销售价格全年涨幅呈现了先扬后落的态势。

2011年,国务院、银监会等相继出台多项政策期望对房地产市场进行密集的调控。1~6月每月中国人民银行都宣布上调存款类金融机构人民币存款准备金率0.5个百分点。2月、4月、7月分别上调金融机构一年期存贷款基准利率0.25个百分点。个人住房公积金贷款利率也做了相应调整。税收政策方面有两大重大举措:一是规定个人将购买不足5年的住房对外销售的将全部征收营业税;二是上海和重庆正式实施房产税,深圳宣布成为第三个房产税的试点城市。行政手段方面也在不断加大力度。5月1日起,根据《商品房销售明码标价规定》,商品房销售必须明码标价。7月14日国务院称部分城市房价上涨压力仍然较大,要求继续严格执行限购政策,上涨过快的二线、三线城市也要采取限购。8月17日,住房城乡建设部公布对各地列入新增限购城市名单的标准。政府也进一步规范了房地产中介市场,1月25日住房城乡建设部等部门联合出台了《房地产经纪管理办法》,规范房地产经纪行为,保护房地产交易及经纪活动当事人的合法权益。在紧锣密鼓的各项政策的调控下,房地产投资额、新开工面积的增速都开始回落,说明调控效果已经开始显现。

2012年,由于2011年的调控导致购房者观望情绪浓厚,造成2012年第一季度,房地产成交量延续之前的下跌,销售面积下降,房价的上涨速度放缓。因此,政策相对平稳,出现了试探性的放松。2月、5月中国人民银行宣布下调存款类金融机构人民币存款准备金率0.5个百分点。6月、7月下调金融机构人民币存贷款基准利率0.25个百分点。这一年的政策要点还包括重申小产权房不予确权登记,不受法律保护的规定;发布禁止用地目录,将别墅类房产首次列入;强化了对闲置土地的预防和监管,明确了闲置土地的认定标准,完善了闲置土地处置程序。2012年全国商品房销售面积比2011年增长1.8%,全国房地产开发投资同比增长16.7%,这说明房地产行业出现了回暖的迹象。

2013年,房价上涨预期增强,不同地区房地产市场出现分化。2月,国务院常务会议出台五项政策措施,提出坚决抑制投机投资性购房。3月,国务院要求继续严格执行商品住房限购措施,同时进一步提高第二套住房贷款的首付款比例和贷款利率。3~5月,全国有35个城市发布了各自的地方调控细则。11月,党的十八届三中全会提出要"建立城乡统一的建设用地市场""加快房地产税立法并适时推进改革"。10~12月,上海、广州、深圳、北京、武汉、厦门、沈阳、长沙、南京等城市相继推出新一轮调控政策,主要内容均为收紧限购政策及加大土地供应。12月,通知将公共租赁住房和廉租住房并轨运行。2013年,全国商品房市场总体运行平稳,全国商品住房建设、销售、库存、交易量都有大幅度上升。但部分热点城市和区域中心城市房价上涨幅度很大,少数城市房地产市场萎缩,交易量下滑。

2014年,虽然在各种房产政策调控下我国多地住房市场依然热销,但房地产投资始终没有回暖迹象,房地产开发投资额在我国固定资产投资额中的占比下滑至17.4%。中国人民银行下调了人民币存款准备金率和存贷款基准利率,放宽了贷款限制,但是并没有取得期望的效果。

2015年,中国房地产开发投资增速创历史新低,房屋新开工面积、房屋竣工面积、土地成交价款下降、土地购置面积这四个房地产开发投资的前端指标同时出现负增长。其原因在于房地产市场的库存过高。2015年,楼市调控政策的基调是去库存、促增长。采取的政策包括调控房地产市场需求的个人转让两年以上住房免征营业税、调低首付款比例、下调存贷款基准利率等。调控房地产市场供应量的政策包括调控土地规模结构,加强保障房货币化安置等。由于供需两端都呈现宽松政策,楼市持续回暖。

2016年,限购限贷多重政策出台,房价呈现跌宕起伏的变化。2016年上半年执行的依然是宽松的调控政策,个人住房贷款最低首付比例继续下调;调高住房公积金账户存款利率;调减房地产交易环节契税、营业税,下调金融机构人民币存款准备金率;个人购买2年以上(含2年)的住房对外销售的,免征增值税。6月,国务院发布《关于加快培育和发展住房租赁市场的若干意见》,从六大方面对住房租赁市场给出具体发展要求,其中最受关注的是第十二条关于"商业用房可改为租赁住房"的意见。到2016年6月全国商品房销售面积累计同比增长 27.90%，新建商品住宅价格指数一线、二线城市分别同比增长达到了 30.70%、10.20%。

2016 年下半年收紧了楼市调控。各地纷纷出台了楼市调控政策，调控内容主要包括提高社保、纳税年限门槛的限购政策以及提高首付比例的限贷政策。国家层面对房地产开发企业收紧了信贷，严禁违规发放或挪用信贷资金进入房地产领域，严禁银行理财资金违规进入房地产领域。11 月国家发改委办公厅和住房城乡建设部办公厅联合发布了《关于开展商品房销售明码标价专项检查的通知》。2016 年下半年各地限购政策出台后，多数热点城市的成交量迅速出现了比较明显的下滑、土地成交面积和溢价率回落、房地产开发投资和新开工开始回落。

2017 年是自中国房地产市场形成以来至今政策出台最密集的年份，一方面，二线城市开始密集调控，并将限售作为本次政策的核心聚焦点；另一方面，部分市场相对较热的三线、四线城市也开始新一波的调控。在这轮调控中，行政性整治、限购、限贷、限卖等调控新政几乎成为各地调控政策的标准配置。5 月，农垦国有土地直接纳入不动产登记，不设过渡期。对农村集体产权制度改革涉及的契税、印花税政策进行免征、不征等优惠政策。7 月全国住房公积金异地转移接续平台建成并投入使用。7 月开展住房租赁改革的试点。9 月失业保险总费率阶段性降至 1%。

2004 年至今，政府的调控政策经历了从 2004 年至 2008 年 9 月的紧缩性调控、2008 年 10 月至 2009 年 11 月的宽松性调控、2009 年 12 月至 2014 年的紧缩性调控、2014 年至 2016 年 5 月的宽松性调控、2016 年 6 月至今的紧缩调控阶段。每一轮调控从短期看取得了明显效果，从积极的方面看，在房地产市场过热时抑制过热的投资，在房地产市场下滑时刺激了住房消费，维持了社会的稳定和国民经济的运行。但是，过于频繁并且大力度的调控措施也影响了正常的市场规律，尤其是行政性调控手段打乱了需求释放的步调和房地产开发企业对投资的判断，从长期看会由于开发的周期性放大供求矛盾。每一轮调控的经验显示，要保障房地产市场的长期稳定运行，必须尽快建立调控长效机制。

"长效机制"这一概念的提出最早是中国房地产协会在2009～2010年组织专家对"十二五"期间全国城镇住房发展规划和长效机制问题进行了专题研究,并于2011年初正式将研究的成果以建议的形式上报了住房城乡建设部、国家发展和改革委员会等部门。国务院发展研究中心在2013年曾召开一场名为"建立房地产市场健康发展长效机制建议"的课题报告评估会,当时并没有给出明确的出台时间的意见。2014年3月发布的《国家新型城镇化规划(2014～2020年)》提出,"健全房地产市场调控长效机制。调整完善住房、土地、财税、金融等方面政策,共同构建房地产市场调控长效机制。"2016年12月的中央经济工作会议,首次明确综合利用金融、土地、财税、投资、立法五大手段,加快研究建立符合国情、适应市场规律的基础性制度和长效机制,既抑制房地产泡沫,又防止大起大落。这次会议也奠定了我国房地产市场调控的基调。在中央明确要求后,对于房地产市场平稳健康长效发展机制的提法从"探索研究""加快建立""促进完善"不断演变。2017年2月,习近平总书记就"研究房地产长效机制和基础性制度安排"做出要求,2017年3月的政府工作报告、2017年4月的中央政治局会议、2017年10月的党的十九大报告都对"长效机制"有所提及。

房地产市场长效机制是一个宏观的体系,并不是简单出台一个制度。而当前的土地、金融、税收等各项政策工作、不动产登记全国联网工作等都是房地产长效机制的一个部分,还有更多的工作如房地产税、立法等多个层面,需要逐步发展和建立。长效机制意味着中国自1998年开始住宅市场化以来,是20年后另一个市场周期的起点①。

未来应从供给着手,从短期调控政策过渡到长效机制建设、从行政手段过渡到经济手段、从商品属性为主过渡到构建强调居住属性的住房制度,坚持在"房

---

① 谢中秀.房地产长效机制稳步推行[EB/OL].时代周报,http://house.hexun.com/2018-11-14/195202080.html,2018-11-14.

子是用来住的,不是用来炒的"指引下,建立"多主体供应、多渠道保障、租购并举的住房制度"。

1.2 中国房地产市场供需分析

房地产市场的供给情况主要由开发商的投资意愿和投资能力决定,房地产开发投资、购置土地、新开工面积等反映现阶段开发商的投资热情以及对于未来形势的判断,能较好反映房地产市场供给方的开发意愿,所以选取房地产开发投资、购置土地、新开工面积衡量房地产供给情况。

对于房地产市场的需求,虽然销售量不等于市场需求,因为市场需求不仅包括有效需求,还包括一些无法识别、不能测量的潜在需求。但销售情况可以最大限度地反映房地产市场需求的变化,因此选择销售面积和商品房销售额来衡量房地产市场的需求[①]。

1.2.1 中国房地产市场供给情况分析

1.2.1.1 2010~2017年中国房地产开发投资情况分析

2017年中国房地产开发企业投资完成额为109798.5亿元,比2016年增加了3.67%;中国房地产开发企业计划总投资累计为656617.38亿元,同比增加11.7%;中国房地产开发企业新增固定资产累计为46225.5亿元,同比增加2.71%。

---

① 胡朝晖. 房地产市场供求均衡与房地产价格研究——以北京商品房市场为例 [J]. 数学的实践与认识, 2014 (3).

2010~2017年,房地产开发投资虽然增速减慢,但是从48267.1亿元增长到了109798.5亿元,对GDP起到了明显的拉动作用。同时可以看出两个增速高点2013年和2016年,都是增速下跌中的反弹。如图1-1、图1-2、图1-3所示。

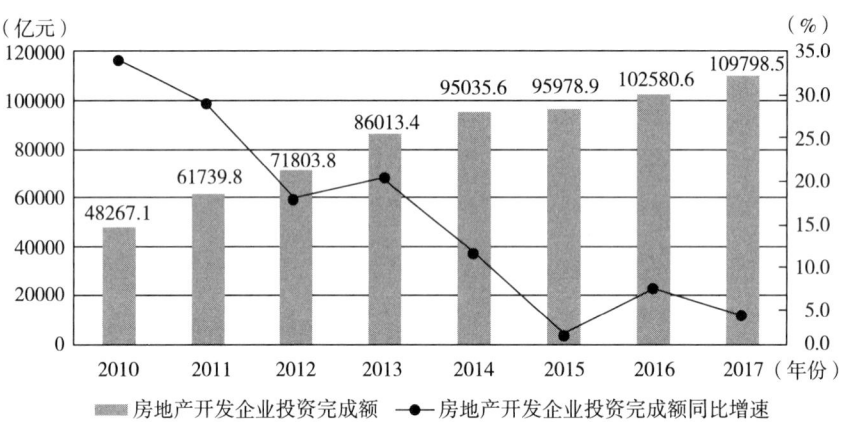

图1-1 2010~2017年中国房地产开发企业投资完成额及增速

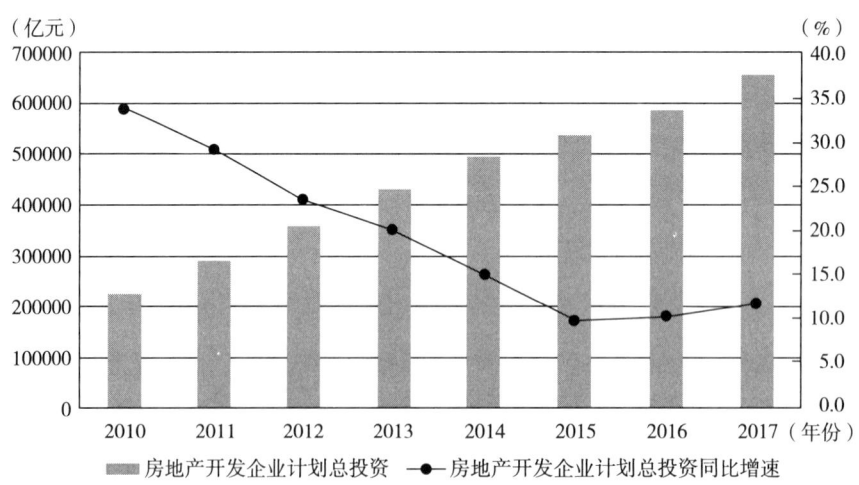

图1-2 2010~2017年中国房地产开发企业计划总投资及增速

第1章 中国房地产市场的现状研究

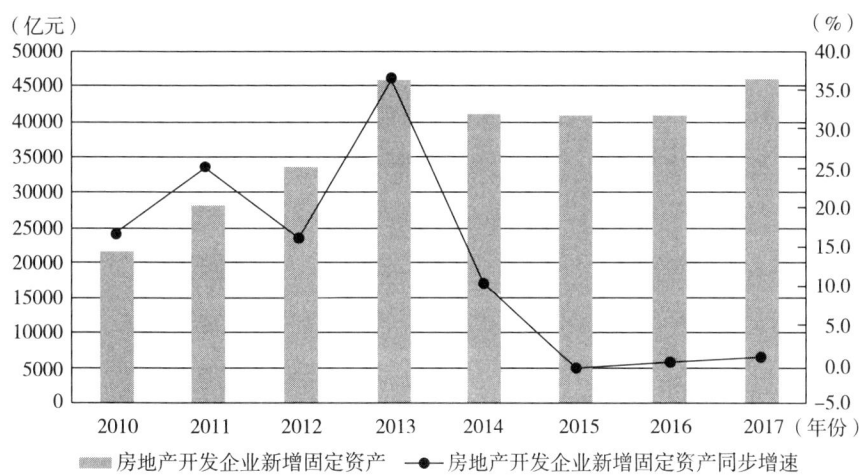

图1-3 2010~2017年中国房地产开发企业新增固定资产及增速

1.2.1.2 2010~2017年中国房地产土地市场情况分析

2017年，中国房地产开发企业购置土地面积累计为25508.29万平方米，相比2016年增加了3483.04万平方米，同比增速为15.81%；2017年，中国房地产开发企业土地成交价款累计为13643.39亿元，相比去年累计增加了4614.08亿元，同比增速为45.54%。如图1-4所示。

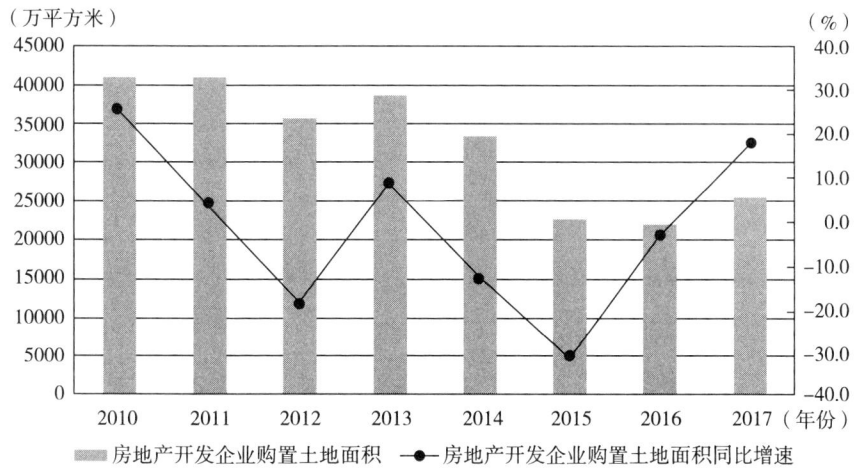

图1-4 2010~2017年中国房地产开发企业购置土地面积及增速

2010~2017年，房地产企业购置土地面积在连续5年负增长后2017年出现较大幅度增加，各线城市土地购置均表现为较大幅度增加，反映房地产开发企业补库存意愿强烈。如图1-5所示。

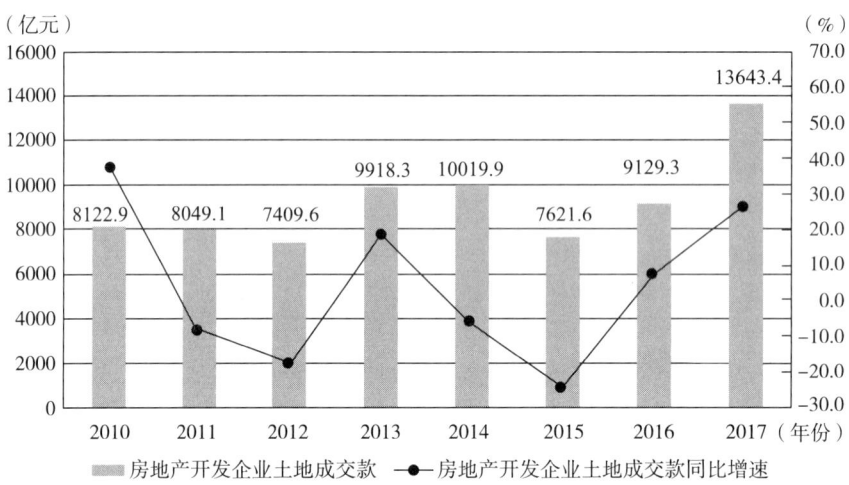

图1-5　2010~2017年房地产开发企业土地成交价款及增速

2017年，中国房地产开发企业待开发的土地面积为35747.3万平方米，相比2016年增加了626.28万平方米，同比增加1.78%；2017年，中国房地产开发企业土地购置投资完成额累计为23169.5亿元，同比增加23.38%。如图1-6、图1-7所示。

1.2.1.3　2010~2017年中国房地产开发建筑施工情况分析

2017年，中国房地产开发企业房屋建筑施工面积累计为781484万平方米，相比2016年增加了22508.93万平方米，同比增速为2.97%；2017年，房地产开发企业本年房屋新开工面积累计为178654万平方米，相比2016年增加了11725.64万平方米，同比增速为7.02%；2017年，房地产开发企业房屋建筑竣

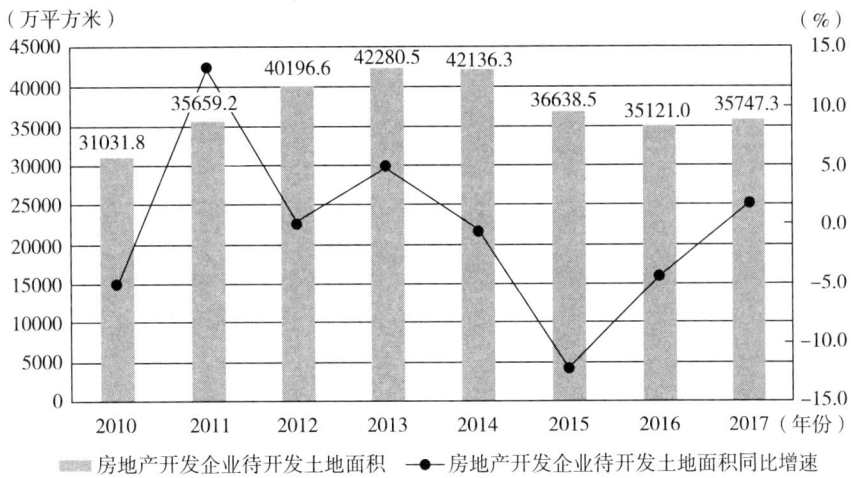

图 1-6 2010～2017 年房地产开发企业待开发的土地面积级增速

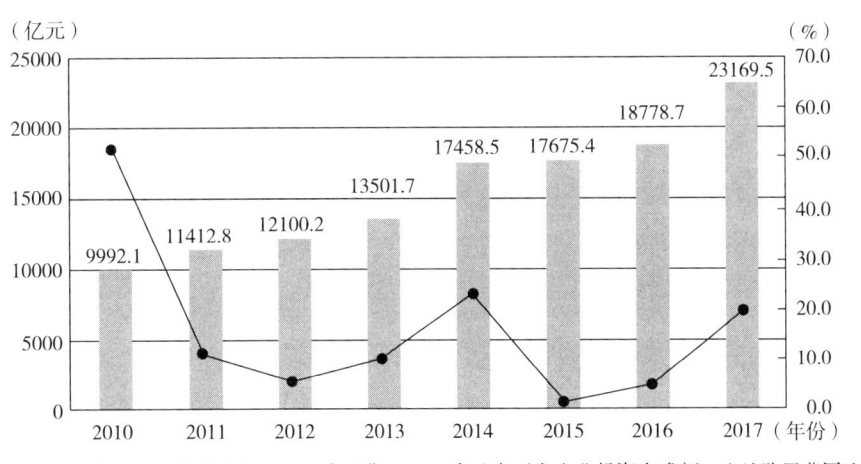

图 1-7 2010～2017 年中国房地产开发企业土地购置投资完成额

工面积累计为 101486.41 万平方米，相比 2016 年减少了 4641.3 万平方米，同比减少 4.37%；2017 年，房地产开发企业竣工房屋价值累计为 31512.46 亿元，相比 2016 年减少了 739.67 亿元，同比降速 2.29%。如图 1-8 至图 1-11 所示。

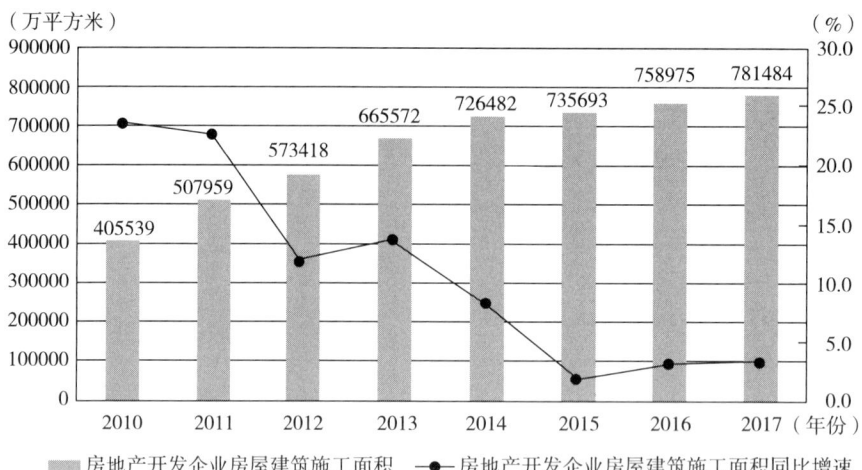

图1-8 2010~2017年中国房地产开发企业房屋建筑施工面积及增速

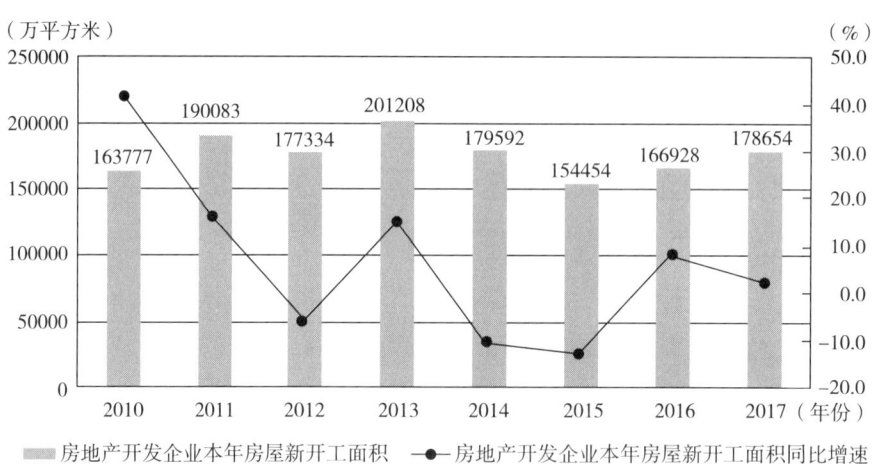

图1-9 2010~2017年中国房地产开发企业本年新开工房屋建筑施工面积及增速

1.2.1.4 中国房地产市场供给趋势分析

2018年1~11月,政府延续加速推地模式,住宅、商办用地推出面积继续增长,其中住宅用地增幅较为显著。截至11月,全国300城共推出各类用地21.2

第1章 中国房地产市场的现状研究

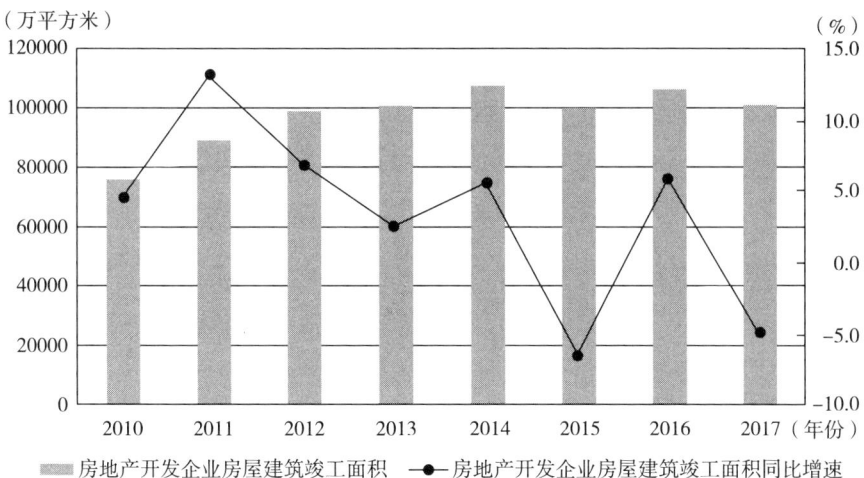

图1-10 2010~2017年中国房地产开发企业房屋建筑竣工面积及增速

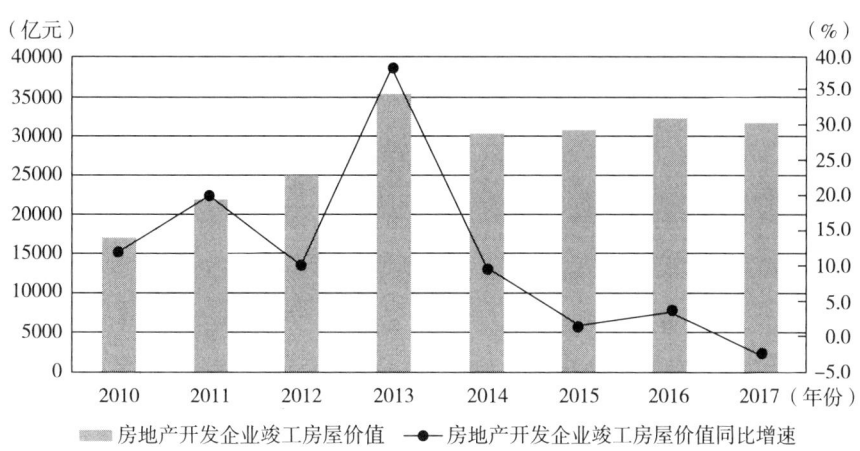

图1-11 2010~2017年中国房地产开发企业竣工房屋价值及增速

亿平方米，总面积超过2017年全年，同比增长25.6%，增幅较2017年扩大了13.7个百分点。成交方面，各类土地成交面积持续回升。1~11月300城各类用地共成交17.0亿平方米，同比增长18.2%。

但是土地市场在2018年下半年以来明显降温，一方面，既有市场调整后开发商预期改变的因素，也有其资金紧张下投资收缩的影响；但更关键的是，过去一轮市场周期地价上行后正面临房价预期止涨的冲击,房企面对当下各地较高的地价越发慎重,更多的企业开始观望和等待,等待更合理的价格和投资时机。另一方面,近两年形成的高规模土地储备将对新开工形成有力支撑,保障新开工规模继续增长,同时也会为投资额增长奠定基础。①

1.2.2 中国房地产市场需求情况分析

1.2.2.1 房屋销售面积总概

2017年,中国房地产市场商品房屋销售面积再创历史新高但增幅逐月回落。2017年商品房销售面积累计为169408万平方米,相比2016年增加了12059.29万平方米,同比增长7.66%,再创历史新高。但商品房销售面积和销售额增幅自年初开始逐月回落,商品房待售面积逐月减少。分区域看,一线城市商品房销售面积连续负增长,二线、三线、四线城市房屋销售增幅逐步下降。如图1-12所示。

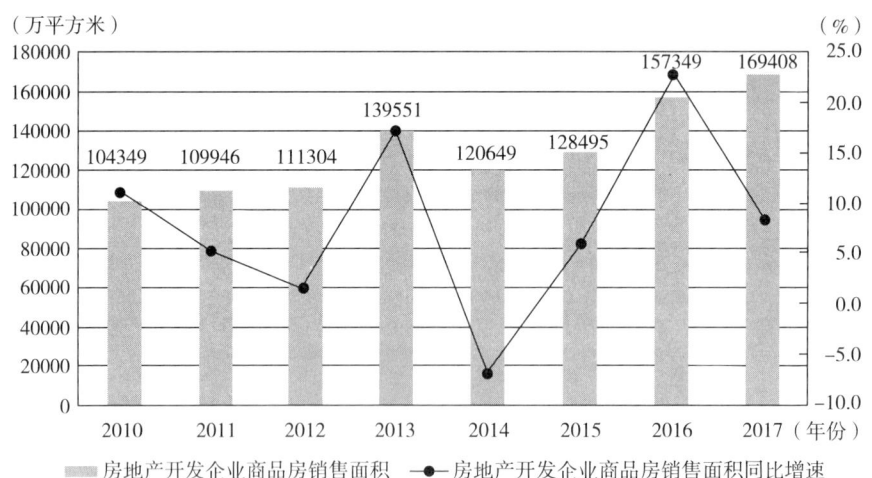

图1-12 2010~2017年中国房地产开发企业商品房销售面积及增速

---

① 中指研究院. 中国房地产市场2018总结&2019展望 [EB/OL]. https://fdc.fang.com/news/2018-12-18/30697932.htm,2018-12-28.

1.2.2.2 房地产销售额情况分析

2017年中国房地产开发企业商品房销售额累计为133701亿元，较2016年增长了13.67%。如图1-13所示。

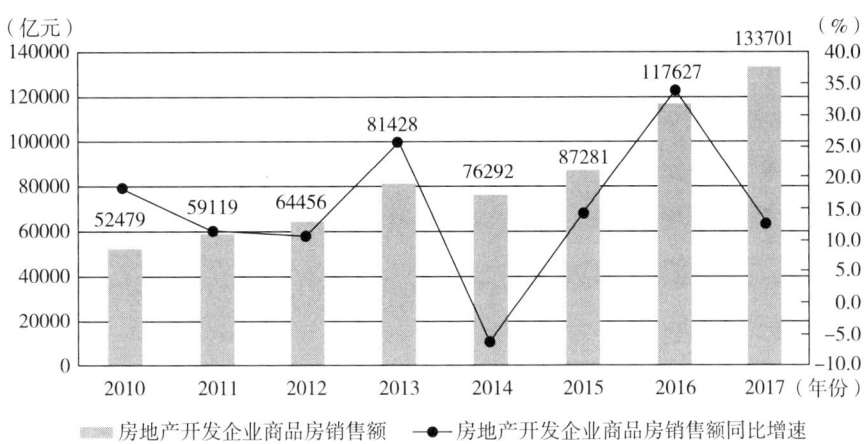

图1-13　2010~2017年中国房地产开发企业商品房销售额及增速

从2010~2017年的发展趋势来看，中国房地产市场的房屋销售面积增速同样在2010年之后趋势放缓，除2014年的地产寒冬外，销售面积和销售额都保持了正增长，这和城镇化人口净增加额不一致。2010~2017年，城镇常住人口年增加额一直在2100万人左右，但商品房销售面积为10.4亿~16.9亿平方米，销售额为5.2万亿~13.4万亿元，改善性购房需求或者投资性购房需求填补了城镇化新增人口的不足。

1.2.2.3 中国房地产市场需求趋势分析

2018年1~11月，全国商品房销售面积为14.9亿平方米，同比增长1.4%，增速持续回落。其中，商品住宅销售面积为12.9亿平方米，同比增长2.1%。一方面，2017年拉动全国销售面积上扬的三线、四线城市在2018年销售增速明显回落。另一方面，重点城市调控效果显现，成交规模趋于稳定。

从发展趋势来看，首先调控政策进一步稳固预期，但城镇化带来的刚需仍然巨大；其次不动产投资需求逐步减少。随着国家对金融市场的规范、新型不动产投资产品的逐步推出，以及对不动产未来预期的降低和投资回报率的走低，资产配置必然呈多样化发展，对商品房的投资性需求可能会降低。

1.2.3 中国房地产市场供给和需求的影响因素分析

1.2.3.1 影响中国房地产市场供给的因素分析

房地产供给是指房地产开发商在某一特定的时间内，在每一价格水平下，对房地产所愿意而且能够提供出售的数量。

房地产的供给需要具备以下两个条件：

一是供给意愿，这取决于房地产价格、房地产开发成本、资金成本、房地产未来的走向、宏观经济政策等。房地产价格是影响房地产市场供给的主要因素。随着价格上涨，供应量也将增加，房价与供给呈正相关关系。

胡朝晖（2014）在对供给市场进行分析时，认为产品生产商是根据价格与成本之间的差距来决定是否生产该产品。房地产的建设成本较高，开发商的开发成本越高，商品房供给就会越少。与此相反，房地产建设成本越低，房地产开发商的利润越高，房地产开发商愿意供给的数量就越多。因此，不同类型的住房建设成本（包括土地成本、融资成本等）是影响房地产供给的一个主要因素。

供给意愿还同房地产商对于未来市场空间的判断有关，这有赖于对宏观经济环境的判断，房地产开发商对未来房地产价格预期越高，认为在未来能够获取更多的利益，因此便扩大投资规模，增加房地产供给。在此基础上，新增房屋存量会影响房地产开发商的投资决策，进而土地开发计划和地区区域规划也对房地产供应市场产生了重大影响；此外，当地经济发展水平对房地产供应量也有一定的影响。在经济发展水平相对良好的地区，房地产供应可能会更多。

二是供给能力，这取决于经营者的实力与水平，因此房地产企业获得足够的生产要素如资质、土地、资金等的能力将直接影响房地产的供给量。资质管理会减少进入房地产市场的房地产商数量，从而对房地产的供应量产生影响；土地作为房地产开发的重要生产要素，对土地供应的调控将影响房地产的供应量；由于房地产开发周期长、消耗资金量高，因此融资能力会影响房地产商的供应能力。在正常情况下，当贷款利率上升时，房地产企业获得的利润将减少，这将削弱开发商的积极性，导致供应相对减少；当贷款利率下降时，供应量将相应增加。从过去的文献中，不同学者估计的房地产供给弹性有很大的不同，但多数学者认为商品房作为一种特殊的商品，具有消费品和投资品的双重属性，但其开发周期长，供应有一个滞后性，因此短期房地产的供给是缺乏弹性的，而房地产的长期供给弹性较大。

1.2.3.2 影响中国房地产市场需求的因素分析

消费者对房地产市场中房屋的需求是指在某一段时间内，在一特定的价格范围内，消费者有意愿购买某一房地产并且在其消费水平范围内可以购买的数量。

房地产需求主要受两个条件的影响：一是消费者有意愿购买商品房；二是消费者有一定的购买能力。因此，房地产的需求是消费者既有购买欲望又有足够支付能力的有效需求。很多因素共同决定了房地产的有效消费需求。经常性的作用因素有房地产的价格水平、居民收入水平、居民消费水平、储蓄及信贷水平、融资可行性、消费者的偏好、地区经济发展水平、城镇化水平、人口因素等。

房地产价格是影响房地产需求的主导因素。从理论上讲，房地产市场的需求和房地产销售价格呈反向变动。也就是说，房地产销售价格上升时，买家会减少购买商品房的面积或考虑暂时不买，这将导致当地房地产市场的需求减少；相反，当价格下降时，需求将上升。然而，房地产销售价格和商品房销售面积之间的关系并不总是体现上述规律。这是因为，在房地产销售面积的变化是各种影响因素相结合的结果。由于房地产为不动产，需求绝大部分来自本地区或本城市的工商企业和居民的需求。此外，在同一个城市的不同地方对房地产的需求可能也相差很大，如在城市中心、城市郊区、人口密度、区域差异和住房价格等，都会形成不同的房地产需求。

居民的可支配收入决定了居民的购买力，购买行为是购买欲望和购买能力的统一体，进而决定了居民的住房消费能力。因此，城市民居可支配收入是房地产经济活动的主要影响因素之一。世界银行统计资料显示，一套住房的价格应是一个普通家庭年收入的3~6倍，可支配收入越高，居民购买房地产的意愿也就越大①。随着居民可支配收入的增加，会形成改善性住房需求、投资性需求等更高层次的商品房需求。

我国目前常用的房地产政策包括金融政策、税收政策、土地政策和行政手段等，政府的政策会影响到房地产市场的供给和需求。例如，紧缩的信贷政策（贷款利率上调）导致房地产市场需求下降，扩张的信贷政策（贷款利率下调）会促进房地产市场需求的增加。本书将专门讨论房地产政策对市场的作用机制。

区域经济发展水平也直接影响了房地产市场的需求。经济发展水平越高，居民的人均收入水平越高，会形成更大的购买力，以及更高层次的商品房的需求。

薛菲等（2014）认为，我国的城镇化水平与房地产业发展之间存在长期稳定的正向变动关系，城镇化水平每提高1%，房地产投资额、商品房销售面积以及商品房价格分别提高7.72%、5.28%、3.49%，城镇化水平的提高对我国房地产业的发展具有明显的带动作用②。

总人口数的增加对房地产市场需求有一定的影响，人口总数的增加，带来的结果是对住房的需求越来越多，购房者对房地产市场产生了新的冲击。

---

① 岳亚卿. 河北省房地产市场供求影响因素分析及预测［D］. 河北大学硕士学位论文，2016.
② 薛菲，袁汝华. 城镇化水平对我国房地产业影响的实证分析［J］. 经济地理，2014（4）：78-83.

1.3 中国房地产的关联产业环境分析

产业关联是指某一产业所发生的经济活动,通过复杂而密切的产业间产量和技术等变化的关联活动效应,给其他产业带来影响,也即产业间通过各种投入品和产出品为连接纽带而形成的某种联系,也就是某产业与前向、后向和旁侧关联关系的其他产业间的相互联系。而在日常的经济活动中,产业间的相互联系则表现为产业间相互制约、相互促进的关系①。

1.3.1 房地产业的后向关联产业

后向关联是指一个产业通过需求联系与其他产业部门发生的关联,房地产业对于后向关联产业主要产生的是需求拉动作用,直接拉动称为后向直接关联,直接和间接共同拉动称为后向完全关联②。房地产后向关联产业即房地产上游产业。

从动态的过程来看,我国房地产业的后向关联产业在20世纪的主要构成是原材料业、制造业、电力、热力、燃气和水的生产和供应业等,以矿业、石油煤炭、通信、电力等物质技术原材料消耗型产业为主。随着社会的进步和经济的发展,房地产业的后向关联产业类别正在逐渐改变,通讯业、餐饮住宿业、金融业、零售业、公共管理和组织等产业逐渐延伸到后向关联产业的范畴,即从物质生产性产业转向信息和服务产业。

李秀婷等(2014)的研究,通过计算各年房地产业对各部门的直接消耗系数发现第三产业在房地产业的中间投入中占主要地位,第二产业投入占次要地位,

---

① 向为民. 房地产产业属性及产业关联度研究[D]. 重庆大学博士学位论文, 2014.
② "新常态下我国房地产市场的供求关系研究"课题组. 我国房地产市场供求关系及房地产对经济的影响——新常态下我国房地产市场的供求关系研究[J]. 调研世界, 2016(4): 8–13.

第一产业投入占极少，这是由房地产业属于具有流通服务性质的第三产业的特性决定的。但从完全消耗系数来看，第二产业投入则由占次要地位变为主要地位，这与我国当前正处在工业化的进程密切相关，说明我国房地产业仍处在相对粗放的扩张阶段，对建筑业、化学工业、金属制品业、电力、热力的生产和供应业等物质型产品和金融业等资本型产品的投入需求仍较大。从动态发展上来看，房地产业的投入结构随着我国房地产市场的发展也发生了一定的变化，如对金融业及第二产业的物耗依赖略有降低，与本部门及其他第三产业部门后向关联更加密切，这说明我国房地产业正在寻求质量提升并逐步向集约式发展过渡①。

1.3.2 房地产业的前向关联产业

前向关联是指一个产业通过供给联系与其他产业部门发生的关联，房地产业对前向关联产业主要产生的是供给推动作用，直接推动称为前向直接关联，直接和间接共同推动称为前向完全关联②。房地产的前向关联产业即房地产下游产业。

由于房地产业是提供人们衣食住行的住房载体，因此房地产业几乎成了其他产业的先行产业部门，为其他产业部门产品的生产提供不同数量和不同比例的生产要素或劳动力。从产业的不同层次角度来看，与房地产业的关联程度较高的产业包括食品和烟草制造业、建筑业、餐饮住宿业、金融业和公共管理和社会组织等。

从动态的过程来看，我国房地产业的前向关联产业也发生了明显的变化。以往房地产业的前向关联产业主要是农林业、养殖业、水产业、制造业和纺织业等，而随着经济水平的提高和居民生活方式的改变，餐饮住宿业、批发零售贸易、金融业和公共管理和社会组织等逐渐成为房地产业的前向关联产业主体，即

---

① 李秀婷，刘凡口，吴迪，董纪昌，高鹏. 基于投入产出模型的我国房地产业宏观经济效应分析[J]. 系统工程理论与实践，2014，2（34）：323 – 336.
② "新常态下我国房地产市场的供求关系研究"课题组. 我国房地产市场供求关系及房地产对经济的影响——新常态下我国房地产市场的供求关系研究[J]. 调研世界，2016（4）：8 – 13.

从物质生产性产业转向加工和服务产业。①

1.3.3 房地产业的环向关联产业

环向关联是指既向本产业提供生产要素又将本产业的产品或服务作为其生产要素的产业之间的关联，表现为该产业通过需求拉动和供给推动对相关产业产生的总效应，也称带动效应。它是指一个国家在同一时期内与房地产业既后向关联又前向关联的产业。

与房地产业具有密切的环向关联关系的产业有很多，如金融业、建筑业、餐饮住宿业、零售业、交通运输业、房地产业、电力行业、热力、燃气和水的生产和供应业、制造业、公共管理和组织等产业②。

1.3.4 房地产业的关联产业分析

在国民经济产业体系中，当房地产业发生某种变化时，会沿着几种不同的产业关联方式（前向关联、后向关联以及环向关联）进行传递，导致与其直接相关的其他产业部门产生某种变化，而这些变化又会导致与他们直接相关的其他产业部门发生某种变化。因此，分析房地产业与其关联产业的发展特点，将有利于从国民经济整体发展的角度思考房地产业的发展。

第一，我国房地产业与资本、原材料消耗型、物质加工型产业密切关联，与自身关联程度并不大，说明我国房地产业仍是采用传统的、生产能力扩张的发展方式，这与我国当前正处在工业化的进程是密切相关的。

第二，中国的房地产行业的发展趋势呈现出与中国经济结构调整和产业结构优化很强的一致性，也就是服务化的趋势，包括房地产业消耗投入品的服务化和

---

①② 李秀婷，刘凡口，吴迪，董纪昌，高鹏. 基于投入产出模型的我国房地产业宏观经济效应分析 [J]. 系统工程理论与实践，2014，2 (34)：323 - 336.

房地产产出分配的服务化。这说明我国房地产业正逐步走向提升质量的集约式发展道路。

第三,房地产业的发展可以在很大程度上促进就业增长,住房的价格波动对物价总水平也会产生较大的影响。

第四,中国的房地产业在很大程度上依赖于公共管理和社会组织。这表明,房地产行业受政府干预大、政策性强,但同时不够重视的社会福利,这种产品结构不利于行业本身和整体经济的长远发展①。

第五,"新常态下我国房地产市场的供求关系研究"课题组(2016)的研究显示,房地产业对其他所有产业的后向拉动作用、前向推动作用和总带动效应出现了先降后升和总体下降的趋势。房地产业的强关联性决定了其对经济增长依然非常重要,但相对于以前,其贡献度将有所下降。因此,经济增长不能再过度依赖房地产业,应该逐步培育新的经济增长点②。

1.4 中国房地产市场区域分布特点分析

1.4.1 中国房地产市场发展呈现明显的区域不均衡性

1.4.1.1 自东向西房地产发展水平依次递减

房地产经济发展水平一直有显著的空间自相关性和空间异质性,中国的区域

---

① "新常态下我国房地产市场的供求关系研究"课题组. 我国房地产市场供求关系及房地产对经济的影响——新常态下我国房地产市场的供求关系研究 [J]. 调研世界, 2016 (4): 8-13.
② 李秀婷, 刘凡口, 吴迪, 董纪昌, 高鹏. 基于投入产出模型的我国房地产业宏观经济效应分析 [J]. 系统工程理论与实践, 2014, 2 (34): 323-336.

房地产经济发展的分布与房地产经济发展的由东向西的水平依次降低的空间位置相一致，差异的总体程度逐渐变小，区域房地产经济发展水平正逐步趋同[①]。

首先，从房地产市场的发展指标上来看：

第一，商品房价格存在明显的地区性差异。东部和西部地区城市商品房价格水平具有明显差异，北京、上海、广州等东部重点城市房价明显高于全国平均水平，而武汉和重庆等中西部地区的城市商品房价格则相对较低一些。

第二，房价收入比存在明显的地区性差异。东部地区房价上涨过快，房价收入比明显偏大。北京、上海、广州等城市房价已经影响到居民的日常消费能力，而武汉和重庆等中西部城市的房价收入比更接近于国际公认标准。

其次，影响房地产市场发展的主要因素存在明显的地区性差异：

第一，房地产投资的主要驱动因素存在地区性差异。在东部经济发展水平较高的区域，影响房地产投资最主要的因素是人均可支配收入；而在中西部地区，由于经济发展相对迟缓、经济转型速度慢，影响房地产投资最主要的因素是当地的固定资产投资水平。

第二，人口迁移等影响房价的决定因素存在地区性差异。人口的迁移主要受不同区域工作机会的影响，呈现出从欠发达地区向发达地区迁移的特征。东部地区由于经济发展的优势，比西部地区吸引更多的人口流入。

第三，境外资金流入投资房地产市场同样存在地区性差异。东部地区作为中国最具经济活力的区域，吸引着境外的资金和人才的流入，进而产生相关的房地产市场需求；中西部对于外资的吸引力相对较低[②]。

最后，从房地产市场发展的波动性上来看：

东部和中部地区中除了江苏、河北、海南、湖南、安徽这几个省，房地产经济发展水平的波动性普遍较低，这表明该区域房地产市场的发展已经达到了一个

---

① 王雪青，陈媛，刘炳胜. 中国区域房地产经济发展水平空间统计分析——全局 Moran's I、Moran 散点图与 LISA 集聚图的组合研究 [J]. 数理统计与管理，2014，1 (33)：59-71.

② 廖厥椿. 中国房地产市场价格的区域特征、以及与实体经济的关联性——源自空间计量经济学习的实证分析 [D]. 华东师范大学硕士学位论文，2011.

相对稳定的局面；西部省份各种波动程度都有，西藏是近 10 年波动最为明显的城市①。

1.4.1.2 一线城市与二线、三线城市房地产市场的分化与联动性

首先，一线城市与二线、三线城市的房地产市场出现了明显的分化。

一线城市与二线、三线城市房价上行的过程出现了明显的分化。2014 年以后，多重调控政策叠加的效果不断释放，一线城市房地产市场率先复苏，而二线、三线城市市场表现差强人意，造成了严重的分化格局。

从价格上来看，自 2015 年 3 月，一线城市一直保持着持续环比正增长了近 20 个月总计 40.74% 的累计增幅。二线、三线城市的价格环比涨幅也已经由负转正，但增速远远低于一线城市。一线城市和二线、三线城市之间的价格差距不断提高。

从相对价格来看，二线、三线城市相对价格基本保持同幅变化，一线城市与二线、三线城市价格比不断攀升。到 2016 年 9 月，一线城市与二线城市价格比达到 3.5，与三线城市价格比达到 5.51。一线城市和部分热点二线城市房价过快上涨，同时其余二线、三线城市仍面临去库存压力，可以认为，一线、二线、三线城市房地产市场已经形成了严重分化格局。②

一线城市与二线、三线城市房价下行趋势也出现明显分化。2017 年，受限价政策影响，一线城市新建住房价格连续环比下降，二线城市新建住房价格涨幅降至较低水平，三线、四线城市新建住房价格涨幅最高但下半年也有所降低。2018 年 1～11 月，各线城市累计涨幅较去年同期均收窄，其中三线城市累计涨幅回落最明显。

其次，一线城市与二线、三线城市的房价也存在一定的联动性。

张璋等（2018）认为，我国一线、二线、三线城市房价之间存在互动关系，

---

①② 智研咨询. 2017～2022 年中国房地产行业深度调研及投资前景预测报告 [R]. http：//www.chyxx.com/industry/201703/503496.html，2016.

从长期来看,一线、二线城市各自主导自身长期房价,但二线城市是三线城市房价长期变化的主要原因。上海对北京、深圳房价的长期和短期影响最大,上海的房价由自身主导;广州房价长期变化受自身主导,但短期受上海房价影响最大。因此,国家及地方政府宏观调控房地产市场应充分重视城市房价间的互动关系,注意一线、二线、三线城市房地产市场的分类调控①。

1.4.2 房地产市场地区发展不均衡的成因分析

导致我国房地产市场地区间发展不均衡的因素很多,首先是历史成因。我国各地区资源的分配不均衡由来已久,改革开放后根据国情和发展需要,国家鼓励东部沿海地区率先开放和发展,鼓励一部分人先富起来,为沿海地区提供包括投资、税收优惠、基础设施建设在内的多种优惠政策,吸引了资金和劳动力向资源丰富的地区集聚,初步形成了地区发展不平衡的格局。我国的城市化也是类似的过程,农村和其他城市向重点城市"输血",迅速完成了重点城市的发展布局,也加剧了地区发展的不平衡局面。

其次是我国财政体制中隐含的地区间税收收入不均衡分配。我国的增值税遵循生产地的原则,然而,从增值税的最终归属来看,最终消费者是增值税的最终负担,因此理论上应当遵循消费地原则。生产地原则和消费地原则的不同,导致增值税分配实质上的不均衡。根据中国产业信息网的报道,用实际地方增值税收入比例代表生产地原则下的增值税收入分配比例,用各地社会消费品零售总额占全国比例衡量模拟消费地原则下的增值税收入分配比例,二者的差额即显示了生产地原则下对地方增值税分配的税收不均衡。二者差额为正,代表现行的生产地原则比消费地原则下地方获得了更多税收收入,即为增值税净流入;反之,则为净流出。计算2015年各省的数据后,发现上海、北京、广东、江苏、浙江、天津等经济发达地区取得的是增值税净流入。净流入最大为上海,2015年其净流

---

① 张璋,周海川. 我国一二三线城市房价互动机制研究 [J]. 上海经济研究,2018 (1): 74 – 83.

入比例高达6.67%,也就是在其10.02%的税收份额中,有70%来自其他地区的分配流入。也就是说,在生产地原则的分配体制中,发达地区拿到了更多的税收收入,税收不仅没有调节地区差距,反而造成了更大的不均衡。

再次是资源分配的不均衡使大城市更具有吸引力,大城市获得了源源不断的人口流入。从过去10年的数据来看,北上广深四个一线城市常住人口远大于户籍人口,近10年北京、上海始终有非户籍人口净流入,广州、深圳除个别年份为净流出以外,其余年份也保持了净流入局面。

最后是户籍限制也间接降低了企业的用工成本。如北京社保标准普遍高于其他地区,但是由于绝大多数无户口的外地人最终都要回原籍办理退休,因此按照北京标准缴纳的社保没有太大的实际意义,企业和员工没有按照实际薪酬水平而是按照最低标准缴纳社保,大大降低了企业的人力成本。户籍制度使得大城市享受了源源不断的劳动力补充而不必付出相应的成本,透支了其他地区的人口红利,也是地区发展不平衡的重要因素。

1.4.3 房地产市场地区发展不均衡的影响

区域发展不平衡会影响房地产的消费属性和投资属性,从而引导资金进入房地产市场的热点地区。从消费属性的角度来看,经济发达地区有更好的基础设施、教育、医疗、商业和养老条件,区位因素的增加值比欠发达地区高得多。从投资属性的角度来看,经济发达地区可吸引人口流入,同时提供房产作为资产短期和长期需求的流动性。

地区发展不平衡不仅导致了使用价值的巨大差距,也改变了对于房地产市场前景的预期,这对于发达地区的发展前景形成了发展趋势更好的共识,因此,资金纷纷流向热点城市的房地产市场,造成了当前高度分化的市场格局。因为一线、二线、三线城市的房地产不具备替代效应,也就不存在一线城市需求被抑制后向二线、三线城市转移的情形。也就是说,一线城市的房价上涨不向二线、三线城市传导,而只会向市场条件比较类似的城市传导。

所以，如果不能解决地方发展不平衡的问题，就不能改变房地产市场的长期预期，也就不能改变市场分化的格局。因此，限购限贷的调控只能起到短期抑制性的作用，只是将需求延迟，并不能从根本上改变热点城市房价上涨过快而其他城市市场遇冷的局面。这就导致全国房地产市场并不是一个整体，而是具有明显的地域差别。

地区发展不平衡导致了房地产市场的分化，进而导致了调控政策的局限性，可以认为，区域发展是房地产市场最重要的基本面。对房地产市场未来的判断要回归区域发展的层面，关注区域发展的战略规划、政策引导和资金支持等方面。只有因地制宜、因城施策的政策调控是符合市场现状的。

第❷章
中国房地产市场调控政策及作用机制分析

在我国的房地产市场上,政府颁布的宏观调控政策与手段大致可以分为土地政策、金融政策、税收政策、行政手段四类。

2.1 土地政策

2.1.1 我国土地的供应方式和供应政策变化

新中国成立以后,我国国有土地在很长一段时间实行计划经济体制下的无偿、无限期使用,无流动的行政划拨制度。

1978年改革开放以后土地制度改革经历了一个逐步发展的过程。

第一阶段是土地有偿使用制度的建立(1978~1987年)。

1979年3月颁布施行《中外合资经营企业法》,规定可以出租、批租土地给外商使用。从此,国有土地由无偿、无期限使用向有偿、有期限使用转化。

最初的尝试是收取土地使用费或土地使用税。1982年,深圳率先征收土地使用费;1984年,在抚顺、广州等一些城市先后推行,其间经历了激烈的"费税之争",最终以1988年9月国务院颁布《城镇土地使用税暂行条例》结束纷争,确立了征收土地使用税的法律地位。但征收城镇土地使用税只是解决了土地无偿使用问题,并没有解决土地不能进行市场流通的问题。

第二阶段是土地流转制度的建立(1987~1990年)。

1987年7月,深圳市政府提出以土地所有权与使用权分离的改革方案,尝试将土地使用权作为商品有偿出让,并采用招标的方式进行公开竞投。

1988年通过的《宪法修正案》规定土地使用权可以依法转让,随后《土地法管理法》也进行了相应修改。1988年9月,国务院发布《中华人民共和国城市土地使用税暂行条例》。1990年5月,国务院发布了《中华人民共和国城镇土地使用权出让和转让暂行条例》,对国有土地使用权出让、转让、出租、抵押、终止等问题作出了明确的规定,奠定了我国实行土地所有权与使用权相分离的土地制度的法律基础。

第三阶段是规范土地交易阶段(1991~2000年)。

20世纪90年代上半期,土地转让收入成为地方政府的重要收入来源,我国出现了"土地热"和"开发区热",土地在一些地方被过量供应随后又被闲置。从90年代下半期开始,我国政府陆续颁布了一系列政策,主要包括以下几个方面:

一是对土地开发行为进行规范,保护耕地。如国务院1992年发布的《关于严禁开发区和城镇建设占用耕地撂荒的通知》、1994年国务院发布的《关于严格审批和认真清理各类开发区的通知》等。1998年修订的《土地管理法》可以说是中国改革开放以来国家关于土地管理思想的重大转折,从以保证建设用地供应为主转变为以保护耕地为主,加强土地利用的政府管理。

二是确立基本农田保护制度。如1994年7月国务院通过的《基本农田保护条例》。

三是加强土地集约利用。1993年2月,国务院正式批准《全国土地利用总体规划纲要(1987~2000)》,这是全国开展的第一轮土地利用总体规划。1999年,国土资源部发布《闲置土地处置办法》,禁止任何单位和个人闲置土地,确立了闲置土地的情形和处理方式。①

第四阶段是土地市场化配置阶段（2001~2003年）。

20世纪90年代末，中国探索建立了土地储备制度，土地储备制度的基本内容成立土地储备机构，经土地管理部门授权通过征购、回收、置换等方式将增量土地和存量土地集中到土地储备机构手中统一组织土地开发或再开发，再根据城市土地供应的年度计划，分期分批将储备土地投入市场。但是，土地储备制度对土地使用权出让主要采用协议为主。协议出让是一种缺乏公开、平等竞争的土地使用权交易行为，土地资源的分配在较大程度上仍受行政行为左右，地价形成机制仍属行政定价模式，无法实现土地资源的市场价值。因此，加大市场机制在土地资源配置中的作用是深化土地制度改革的必然趋势②。

2001年4月，国务院颁布了《关于加强国有土地资产管理的通知》，要求"国有建设用地供应，除涉及国家安全和保密要求外，都必须向社会公开。商业性房地产开发用地和其他土地供应计划公布后同一地块有两个以上意向用地者的，都必须由市、县人民政府土地行政主管部门依法以招标、拍卖方式提供"。

2002年，国土资源部发布了《招标拍卖挂牌出让国有土地使用权规定》，要求商业、旅游、娱乐和商品住宅等各类经营性用地，必须以招标、拍卖或者挂牌方式出让。

2003年，国土资源部颁布了《协议出让国有土地所有权规定》，要求土地协议出让必须公开和引入市场竞争机制。

第五阶段是土地调控机制探索阶段（2003年至今）。

2003年下半年起，中央政府首次提出运用土地政策参与宏观调控，土地被赋予了重要的使命，土地政策上升到与金融政策、财政政策同等的地位，成为政府宏观调控的重要手段。

---

① 杨璐璐. 中国土地政策演进阶段性结构特征与经济发展转型 [J]. 天津财经大学学报，2004（2）：104-113.
② 李建建，戴双兴. 中国城市土地使用制度改革60年回顾与展望 [J]. 经济研究参考，2009（63）：2-10.

2004年上半年，国务院基本冻结了新增产业建设项目、基础设施项目和房地产项目等的审批，并提出中国将实行世界上最严格的耕地保护制度。2004年10月，国务院发布《关于深化改革严格土地管理的决定》。

2005年4月27日，国务院召开常务会议强调要通过合理的土地政策引导宏观经济的有效运转，把促进房地产市场持续、健康、平稳运行作为加强宏观调控的一个突出任务，提出了对房地产市场进行合理调控的土地政策方针：严格土地管理，实行土地有规划、按计划供应的原则；根据不同省市房地产市场的现实需要，在遵循总体方针思想的前提下，根据需要及时调整土地供应总量；严厉打击囤积土地、投机倒把的不当牟利行为。2005年国务院进一步加强国家级经济技术开发区的用地管理。

2006年，国务院发布《关于加强土地调控有关问题的通知》，提出控制完善土地管理制度、控制房地产市场的土地供应总量、规范土地出让收支管理、明确耕地保护责任和强化政府监督等。2006年，国务院制定发布了《限制用地项目目录》《禁止用地项目目录》，具体指导行业用地供应。国土资源部于2006年5月30日发布《关于进一步从严土地管理的紧急通知》，强调必须根据市场实际需求状况合理确定各种类型住房用地的面积。

2007年11月《招标拍卖挂牌出让国有建设用地使用权规定》开始正式实行，要求受让人在完全付清整宗地全部土地出让金后，才能领取国有建设用地使用权证。房地产开发企业不能再用分期付款的方式取得土地，在一定程度上限制了房地产市场用地的土地转让价格。

从调控内容上看，土地宏观调控政策的基本框架包括：①控制土地供应总量规模及扩张速度的土地政策，如土地利用总体规划、土地利用年度计划、清理整顿开发区的政策、严格土地审批的政策、严把土地"闸门"的建设管理政策等。②控制土地供给结构的土地政策。③调控土地供给方式的土地政策。要求招、拍、挂、出让国有土地使用权的一些土地政策、限制划拨用地范围，如《划拨用地目录》等。这部分政策完善了土地市场的内容，具有宏观调控的功效。④调节土地相关价格的政策。⑤严格建设用地审批，抑制土地过度开发等政策。从土地政策管理内容上,可以将土地政策分为土地规划政策、土地利用计划政策、土地用途政策、土地供应政策、土地价格政策、耕地保护政策、土地税收政策、土地权属政策、地政地籍政策、土地执法监察政策等①。如表2-1所示。

表2-1 2008~2017年房地产市场相关主要土地政策汇总

年份	政策内容
2008	2008年1月3日,国务院发布《关于促进节约集约用地的通知》,指出要按照节约集约用地原则,审查调整各类相关规划和用地标准;充分利用现有建设用地,大力提高建设用地利用效率;充分发挥市场配置土地资源基础性作用,健全节约集约用长效机制;强化农村土地管理,稳步推进农村集体建设用地节约集约利用。 2008年2月1日,《土地登记办法》正式实施。对土地登记的概念、原则、效力、类型、内容、程序以及土地登记各项基本制度等作出了明确规定。 2008年2月7日,国务院颁布《土地调查条例》规范土地调查工作,为全面查清土地资源和利用状况,掌握真实准确的土地基础数据提供基础。 2008年6月26日,国土资源部发布《关于严格耕地占补平衡管理的紧急通知》,规定建设占用耕地不得跨省域异地补充。 2008年6月27日,国土资源部发布《城乡建设用地增减挂钩试点管理办法》,将若干拟整理复垦为耕地的农村建设用地地块(即拆旧地块)和拟用于城镇建设的地块(即建新地块)等面积共同组成建新拆旧项目区(以下简称项目区),通过建新拆旧和土地整理复垦等措施,在保证项目区内各类土地面积平衡的基础上,最终实现增加耕地有效面积,提高耕地质量,节约集约利用建设用地,城乡用地布局更合理的目标。 2008年7月7日,国土资源部发布《关于开展开发区土地集约利用评价工作的通知》。 2008年7月8日,国土资源部发布《关于进一步加快宅基地使用权登记发证工作的通知》。小产权房不给宅基地证。 2008年9月5日,国土资源部发布《国土资源部关于建立健全土地执法监管长效机制的通知》,要求健全对外公示和内部制约机制,完善土地违法行为发现和查处机制,建立部门联动和协作监管机制,完善约束和激励机制。 2008年10月9日,党的十七届三中全会审议通过《中共中央关于推进农村改革发展若干重大问题决定》,提出土地承包经营权流转管理与服务,建立健全土地承包经营权流转市场。 2008年10月22日,财政部和国家税务总局联合发文,对以国家作价出资(入股)方式转移国有土地使用权的行为,应视同土地使用权转让,由土地使用权的承受方按规定缴纳契税。 2008年11月29日,国土资源部发布《建设项目用地预审管理办法》,国土资源管理部门在建设项目审批、核准、备案阶段,依法对建设项目涉及的土地利用事项进行审查。 2008年12月15日,国土资源部发布《国土资源部关于土地整理复垦开发项目信息备案有关问题的通知》。 2008年12月31日,国土资源部发布《国土资源部关于调整部分地区土地等别的通知》,调整了部分地区的土地等别。

① 肖教燎. 土地政策传导机制与路径的分析与仿真——以江西省为例 [D]. 南昌大学硕士学位论文, 2010.

续表

年份	政策内容
2009	2009年1月24日，国土资源部发布《关于改进报国务院批准单独选址建设项目用地审查报批工作的通知》，对建设项目用地审查报批工作加强管理。 2009年2月4日，国土资源部发布《土地利用总体规划编制审查办法》，规定国土资源行政主管部门会同有关部门编制本级土地利用总体规划，审查下级土地利用总体规划。《土地利用总体规划》是实行最严格土地管理制度的纲领性文件，是落实土地宏观调控和土地用途管制，规划城乡建设和统筹各项土地利用活动的重要依据。 2009年3月14日，国土资源部发布《国土资源部关于全面实行耕地先补后占有关问题的通知》，要求各级地方国土资源部门都要建立健全补充耕地储备库，先行实施土地整理复垦开发项目，实现耕地先补后占。各级地方国土资源部门在编制年度土地利用计划时，应充分考虑本地区补充耕地能力。按照差别化管理的原则，对补充耕地能力不足的或落实不好的，相应减少新增建设用地占用耕地的计划指标，通过"以补定占"，形成耕地占补平衡倒逼机制。 2009年5月11日，国土资源部发布《国土资源部关于调整工业用地出让最低价标准实施政策的通知》，规定市县国土资源管理部门在工业用地出让前应当按照《城镇土地估价规程》（GB/T 18508—2001）进行评估，根据土地估价结果、土地供应政策和最低价标准等集体决策、综合确定出让底价并对扶持的行业和地区的用地出让最低价标准进行了明确。 2009年5月30日，国土资源部发布《关于切实落实保障性安居工程用地的通知》，为实现中央解决260万户、80万户、80万户林区、垦区、煤矿棚户区居民的住房问题的目标制定落地措施。 2009年6月17日，国土资源部公布《土地调查条例实施办法》，督办处理房地产开发闲置土地，合理开发利用供给土地。 2009年8月10日，国土资源部监察部发布《关于进一步落实工业用地出让制度的通知》。要求工业用地的特点，合理选择出让方式；严格限定协议范围，规范工业用地协议出让；明确约定工业用地出让各方的权利义务，加强合同履约管理；强化执法监察，严格执行工业用地出让制度。 2009年8月11日，国土资源部《关于严格建设用地管理促进批而未用土地利用的通知》。国务院批准的城市建设用地，自省级人民政府审核同意实施方案后满两年未实施具体征地或用地行为的，该部分土地的农用地转用失效。严肃查处违反土地管理法律法规新建"小产权房"和高尔夫球场项目用地。 2009年11月10日，国土资源部印发《限制用地项目目录（2006年）增补本》和《禁止用地项目目录（2006年）增补本》。
2010	2010年1月21日，国土资源部发布《国土资源部关于改进报国务院批准城市建设用地申报与实施工作的通知》，提出申报住宅用地的，经济适用住房、廉租住房和中低价位、中小套型普通商品住房用地占住宅用地的比例不得低于70%。 2010年3月10日，国土资源部出台《关于加强房地产用地供应和监管有关问题的通知》，内容包括了"开发商竞买保证金最少两成""1月内付清地价50%"等19条土地调控政策。 2010年3月8日，国土资源部发布《关于加强房地产用地供应和监管有关问题的通知》，要求加快住房建设用地供应计划编制；确保保障性住房用地供应；保障性住房以及城市和国有工矿棚户区改造中符合保障性住房条件的安置用地，应以划拨方式供应。保障性住房建设项目中配建的商服等经营性项目用地，应按市场有偿使用。商品房建设项目中配建保障性住房的，必须在土地出让合同中明确保障性住房的建筑总面积、分摊的土地面积、套数、套型建筑面积、建成后由政府收回或收

续表

年份	政策内容
2010	购的条件、保障性住房与商品住房同步建设等约束性条件；严格规范商品房用地出让行为；严格规范土地出让底价、严格土地竞买人资格审查、严格土地出让合同管理；坚持和完善土地"招、拍、挂"制度；切实加强房地产用地监管。 2010年3月12日，国土资源部要求在全国开展对房地产用地突出问题的专项检查，本次调查重点针对擅自改变房地产用地用途、违规供应土地建别墅以及囤地、炒地等问题。 2010年3月18日，国资委要求78家不以房地产为主业的中央企业加快调整重组，在完成自有土地开发和已实施项目后要退出房地产业务，并在15个工作日内制订有序退出的方案。 2010年3月22日，国土资源部要求在今年住房和保障性住房用地供应计划没有编制公布前，各地不得出让住房用地等政策，将在房价上涨过快的城市开展土地出让"招、拍、挂"制度完善试点；各地要明确并适当增加土地供应总量；房价上涨过快、过高的城市，要严控大套型住房建设供地。 2010年4月15日，国土资源部提出2010年拟计划供应住房用地总量同比增长逾130%，其中中小套型商品房将占四成多，超过2009年全国实际住房用地总量。 2010年6月26日，国土资源部发布《关于进一步做好征地管理工作的通知》，推进征地补偿新标准实施，确保补偿费用落实到位。采取多元安置途径，保障被征地农民的生产生活。 2010年9月21日，国土资源部住房和城乡建设部联合发布《关于进一步加强房地产用地和建设管理调控的通知》，要求强化住房用地和住房建设的年度计划管理，加快推进住房用地供应和建设项目的审批，严格制定土地出让的规划和建设条件，确定拟出让地块的位置、使用性质、开发强度、住宅建筑套数、套型建筑面积等套型结构比例条件，作为土地出让的规划条件，列入出让合同。对于中小套型普通商品住房建设项目，要明确提出平均套型建筑面积的控制标准，并制定相应的套型结构比例条件。要严格限制低密度大户型住宅项目的开发建设，住宅用地的容积率指标必须大于1。市、县住房城乡建设（房地产、住房保障）主管部门要提出限价商品住房的控制性销售价位，商品住房建设项目中保障性住房的配建比例、配建套数、套型面积、设施条件和项目开竣工时间及建设周期等建设条件，作为土地出让的依据，并纳入出让合同；严格土地竞买人资格审查，土地闲置一年以上竞买人及其控股股东将被禁止拿地；加强监管和处罚力度。 2010年11月30日，国土资源部发布《土地权属争议调查处理办法》。 2010年12月19日，国土资源部发布《土地利用年度计划管理办法》，明确国家对计划年度内新增建设用地量、土地开发整理补充耕地量和耕地保有量的具体安排方法。 2010年12月27日，国务院发布《关于严格规范城乡建设用地增减挂钩试点切实做好农村土地整治工作的通知》，要坚决扭转在增减挂钩试点中重新建、轻拆旧、重城镇、轻农村单一解决城镇建设用地供需矛盾的倾向，坚决纠正少数地方突破土地利用年度计划控制、片面追求增加城镇建设用地指标等偏差，坚决制止实施过程中脱离发展实际、侵害群众利益等各类违法违规行为。坚决制止以各种名义擅自开展土地置换等行为。
2011	2011年1月8日，国土资源部表示国土资源部将在各地部署改革试点，试点内容包括土地审批制度、土地"招、拍、挂"出让制度、矿业权出让方式等。 2011年1月20日，国务院审议通过《国有土地上房屋征收与补偿条例（草案）》。取消行政强拆，集体土地征收补偿法规将抓紧修改。 2011年1月26日，国土资源部公布《国土资源领域违法违规案件公然通报和挂牌督办办法》，从2011年开始每季度公然通报和挂牌一批违规用地案件，此举标志着国土资源部对违法违规案件的公然

续表

年份	政策内容
2011	通报、挂牌督办工作步入了轨制化、规范化的轨道。 2011年3月5日，国务院发布《土地复垦条例》，对生产建设活动和自然灾害损毁的土地，要采取整治措施，使其达到可供利用状态的活动。 2011年4月16日，国土资源部提出将为全国每一块土地设唯一的编号。 2011年5月8日，六部门联合问责省级政府耕地保护。 2011年5月11日，国土资源部发布《关于坚持和完善土地招标拍卖挂牌出让制度的意见》，明确限定房价或地价，以挂牌或拍卖方式出让政策性住房用地、限定配建保障性住房建设面积，以挂牌或拍卖方式出让商品住房用地、对土地开发利用条件和出让地价进行综合评定，以招标方式确定土地使用权人等政策。 2011年5月30日，国土资源部对土地市场的监控再度升级。除全国105个重点城市需要及时上报高价地块外，范围扩大到全国所有县级及以上城市。 2011年6月3日，财政部、住房和城乡建设部印发了《关于切实落实保障性安居工程资金加快预算执行进度的通知》，再次强调公共预算、公积金增值部分以及土地出让收入的10%均将作为保障性住房的建设资金。 2011年6月25日，国土资源部正式印发《国土资源"十二五"规划纲要》，确定了未来五年国土资源管理的总体目标。确立的"十二五"期间，全国耕地保有量保持在18.18亿亩，新增建设用地总量控制在3450万亩。 2011年7月21日，国务院常务会议研究部署近期加强土地管理的重点工作。会议要求：（一）切实加强耕地保护，确保耕地保有量不减少、质量有提高。（二）严格依法依规管地用地，坚决防止违法违规用地反弹。（三）认真落实《国有土地上房屋征收与补偿条例》，加快规范农村集体建设用地管理。（四）做好保障性安居工程用地供应。（五）加强和改善土地调控，促进结构调整和发展方式转变。 2011年8月24日，国土资源部印发《关于开展国有建设用地使用权网上交易试点工作的意见》，要求在坚持国有建设用地使用权招标拍卖挂牌出让制度的基础上，开展网上交易试点，试点期限为一年。 2011年10月7日，国土资源部表示未来将有计划、有节奏地推动低丘缓坡地、山地、未利用土地和工矿废弃地的综合开发利用，缓解我国后备资源不足的问题。 2011年11月22日，根据目前的《土地管理法》，除乡镇企业、农民宅基地或相关公益事业可以申请使用集体土地外，"任何单位和个人进行建设，需要使用土地的，必须依法申请使用国有土地"，即实行"招、拍、挂"的土地出让制度。 2011年12月1日，国土资源部发布《关于严禁工商企业租赁农地后擅自改变用途进行非农业建设的紧急通知》。 2011年12月6日，《国土资源部关于进一步推进依法行政实现国土资源管理法治化的意见》提出"进一步完善建设用地使用权招标拍卖挂牌制度，逐步扩大范围、规范程序"。 2011年12月21日，国土资源部发布关于《闲置土地处置办法（修订草案）》公开征求意见的通知，关于土地闲置的情况，国土资源主管部门与土地使用者协商未能就处置方式达成一致的，土地闲置满1年的，经批准后可按土地出让或者划拨土地价款的20%缴纳土地闲置费；未动工开发建设，土地闲置满2年的，经批准后可无偿收回土地使用权。

续表

年份	政策内容
2012	2012年2月15日，国务院会议研究部署2012年深化经济体制改革重点工作，要求今年出台集体土地征收条例。 2012年6月1日，国土资源部发布《闲置土地处置办法》，国有建设用地使用权人超过国有建设用地使用权有偿使用合同或者划拨决定书约定、规定的动工开发日期满一年未动工开发的国有建设用地，或已动工开发但开发建设用地面积占应动工开发建设用地总面积不足1/3或者已投资额占总投资额不足25%，中止开发建设满一年的国有建设用地，也可以认定为闲置土地。明确了认定和处置的方式。 2012年6月18日，国土资源部与全国工商联联合下发《关于进一步鼓励和引导民间资本投资国土资源领域的意见》，鼓励和引导民间资本参与矿产资源勘查开发、油气资源的勘查开采、土地整治和矿山地质环境恢复治理。 2012年8月13日，国土资源部提出坚决按照楼市调控要求跟踪土地市场。各地根据上半年住房用地供需和已供土地开发利用情况，同时也为强化住房用地供应计划的指导性，提高计划的针对性和落实率，按照《国有建设用地供应计划编制规范》要求，对年初确定的住房用地供应计划进行了调整，其中20个地区计划量减少，5个地区计划量增加。 2012年9月13日，国土资源部发布通知要求严格土地使用标准。对国家尚未颁布土地使用标准的，各地应依据本地区资源条件、项目类型及建设要求，制订适用于地方的土地使用标准，进而办理建设用地审批、供地和用地手续；对国家和地方尚未颁布土地使用标准和建设标准的特殊建设项目，应先进行项目节地评价并组织专家评审，依据节地评价结果和专家评审意见，办理用地、供地手续。 2012年9月24日，国土资源部发文表示，要对土地交易市场进行监测，重点监测土地溢价率过高、土地底价设定过高等情况，同时跟踪拿地密集企业的开发节奏，杜绝囤地行为。 2012年11月8日，党的十八届三中全会首次鼓励农村建设用地使用权流转，提出建立城乡统一的建设用地市场，在符合规划和用途管制的前提下，允许农村集体经营建设用地出让、租赁、入股，实行与国有土地同等入市、同价同权，为新一轮土地制度指明方向。 2012年12月2日，财政部、中国人民银行、银监会和国土资源部四部委联合通告，严格控制土地储备及融资规模。按照《土地储备管理办法》规定，建立土地储备机构名录。然后将名录或更新结果抄送财政部、中国人民银行和银监会。地方各级国土资源主管部门将经审核后的名录抄送同级财政部门、人民银行分支机构和银行业监督管理部门。 2012年12月13日，国土资源部调研组提出"盘活工矿企业的存量闲置用地，使其进入流通领域，以缓解当前的供需矛盾"，倾向模式是建立市场化供地渠道，一部分工业用地经整理后，转为其他用地，如改建成办公楼或者住宅。 2012年12月25日，全国人大常委会审议通过《中华人民共和国土地管理法修正案（草案）》，对农民集体所有土地征收补偿制度作了修改。删除了按土地原有用途补偿和30倍补偿上限规定，专家称"以前的30倍上限规定过死"。此外，草案还增加了"补偿资金不落实的，不得批准和实施征地"等内容。修正案草案坚持"先补偿安置，后实施征地"；明确被征地农民申请行政复议或者提起行政诉讼的权利，建立对市、县级政府违法违规征地行政问责制度，切实保障农民的合法权益。草案规定，征收农民集体所有的土地，应当依照合法、公正、公开的原则制定严格的程序，给予公平补偿。

续表

年份	政策内容
2013	2013年3月1日，国土资源部发布《土地复垦条例实施办法》。 2013年3月5日，党的十二届全国人大一次会议审议通过《国务院机构改革和职能转变方案》提出，建立不动产统一登记制度。国务院第31次常务会议进一步明确，由国土资源部负责指导监督全国土地、房屋、草原、林地、海域等不动产统一登记职责。这对于完善社会主义市场经济体制、建设现代市场体系，保护不动产权利人合法财产权，提高政府治理效率和水平，具有重要意义。 2013年4月19日，国土资源部印发《开展城镇低效用地再开发试点指导意见》，通过推进城镇低效用地再开发利用，优化土地利用结构，促进经济发展方式转变。 2013年4月22日，国土资源部印发《保发展保红线工程2013年行动方案》，落实633万套保障性安居工程建设用地供给，严格目标责任考核。 2013年5月13日，国土资源部办公厅发布《关于严格管理防止违法违规征地的紧急通知》，要求处理好"保发展、保红线、保权益"的关系，不得强行实施征地，杜绝暴力征地。 2013年10月8日，发布《国土资源部办公厅关于下放部分建设项目用地预审权限的通知》对国家发展改革委下放核准权限的12类项目，按照建设项目用地预审"同级审查"的原则，由省级或相应的地方国土资源主管部门办理。 2013年11月22日，国土资源部办公厅、住房城乡建设部办公厅发布关于坚决遏制违法建设、销售"小产权房"的紧急通知。要求坚决遏制在建、在售"小产权房"行为，建设、销售和购买"小产权房"均不受法律保护。对违法建设、销售的"小产权房"开展一次集中排查摸底，结合实际研究提出分类处理的意见。
2014	2014年1月19日，中共中央、国务院印发了《关于全面深化农村改革加快推进农业现代化的若干意见》，提出深化农村土地制度改革，完善农村土地承包政策，引导和规范农村集体经营性建设用地入市，以及加快推进征地制度改革。 2014年5月22日，国土资源部发布《节约集约利用土地规定》，通过规模引导、布局优化、标准控制、市场配置、盘活利用等手段，达到节约土地、减量用地、提升用地强度、促进低效废弃地再利用、优化土地利用结构和布局、提高土地利用效率的各项行为与活动。 2014年8月11日，国务院办公厅《关于支持铁路建设实施土地综合开发的意见》，给予既有铁路站场综合开发用地政策支持，支持铁路运输企业利用自有土地、平等协商收购相邻土地、依法取得政府供应土地或与其他市场主体合作，对既有铁路站场地区进行综合开发。促进铁路运输企业盘活各类现有土地资源。经国家授权经营的土地，铁路运输企业在使用年限内可依法作价出资（入股）、租赁或在集团公司直属企业、控股公司、参股企业之间转让。鼓励提高铁路用地节约集约利用水平。利用铁路用地进行地上、地下空间开发的，在符合规划的前提下，可兼容一定比例其他功能，并可分层设立建设用地使用权。 2014年11月20日，中共中央办公厅、国务院办公厅印发了《关于引导农村土地经营权有序流转发展农业适度规模经营的意见》，提出健全土地承包经营权登记制度，规范引导农村土地经营权有序流转，合理确定土地经营规模，坚持最严格的耕地保护制度，切实保护基本农田。
2015	2015年1月，国务院《关于加大改革创新力度加快农业现代化建设的若干意见》提出稳步推进农村土地制度改革试点。在确保土地公有制性质不改变的前提下，审慎稳妥推进农村土地制度改革。

续表

年份	政策内容
2015	2015年3月18日，国土资源部办公厅发布关于实施《城镇土地分等定级规程》和《城镇土地估价规程》有关问题的通知，要求各级国土资源主管部门、土地市场中介行业协会、土地估价机构及其有关人员在从事地价管理和地价评估工作时应遵循规程作为国家技术标准，严格按规程制订、更新并公布基准地价。加强土地市场中介行业监管。 2015年3月25日，国土资源部与住房城乡建设部联合下发了《关于优化2015年住房及用地供应结构促进房地产市场平稳健康发展的通知》，规定合理安排住房及用地供应规模和结构。房地产供应明显偏多或在建房地产用地规模过大的市、县，通过调整土地用途、规划条件，引导未开发房地产用地转型利用；统筹保障性安居工程建设用地政策。 2015年8月24日，《国务院关于开展农村承包土地的经营权和农民住房财产权抵押贷款试点的指导意见》，抓紧抓实土地承包经营权确权登记颁证工作，扩大整省推进试点范围，总体上要确地到户，从严掌握确权确股不确地的范围。 2015年9月16日，农业部、国家发展和改革委员会、国土资源部、住房和城乡建设部、水利部、文化部、中国人民银行、国家税务总局、国家林业局、国家文物局、国务院扶贫开发领导小组办公室等部委联合下发《关于积极开发农业多种功能大力促进休闲农业发展的通知》，支持农民发展农家乐，闲置宅基地整理结余的建设用地可用于休闲农业；鼓励利用村内的集体建设用地发展休闲农业，支持有条件的农村开展城乡建设用地增减挂钩试点，发展休闲农业；鼓励利用"四荒地"（荒山、荒沟、荒丘、荒滩）发展休闲农业，对中西部少数民族地区和集中连片特困地区利用"四荒地"发展休闲农业，其建设用地指标给予倾斜；加快制定乡村居民利用自有住宅或者其他条件依法从事旅游经营的管理办法。 2015年9月18日，国土资源部、发展改革委、科技部、工业和信息化部、住房城乡建设部、商务部联合下发《关于支持新产业新业态发展促进大众创业万众创新用地的意见》，明确重点保障当前国家鼓励发展的战略性新兴产业、《中国制造2025》、"互联网＋"等新产业用地，优先安排新产业用地供应。新产业用地供应方式鼓励以租赁方式或先租后让、租让结合方式供应土地，允许在不排除多个市场主体竞争的前提下，将产业类型、生产技术、产业标准、产品品质要求作为土地供应前置条件。 2015年10月9日，国务院办公厅《关于加快电动汽车充电基础设施建设的指导意见》，将独立占地的集中式充换电站用地纳入公用设施营业网点用地范围，按照加油加气站用地供应模式，根据可供应国有建设用地情况，优先安排土地供应；供应新建项目用地需配建充电基础设施的，可将配建要求纳入土地供应条件，允许土地使用权取得人与其他市场主体合作，按要求投资建设运营充电基础设施；鼓励在已有各类建筑物配建停车场、公交场站、社会公共停车场、高速公路服务区等场所配建充电基础设施，地方政府应协调有关单位在用地方面予以支持。 2015年10月23日，国务院印发了《关于促进快递业发展的若干意见》，文件第十一条规定："有关方面要将发展快递业纳入国民经济和社会发展规划，在城乡规划、土地利用规划、公共服务设施规划中合理安排快递基础设施的布局建设。"第十二条规定："各地区要在土地利用总体规划和年度用地计划中统筹安排快递专业类物流园区、快件集散中心等设施用地，研究将智能快件箱等快递服务设施纳入公共服务设施规划。" 2015年11月20日，国务院办公厅转发了卫生计生委等部门关于推进医疗卫生与养老服务相结合指导意见，要求各级政府要在土地利用总体规划和城乡规划中统筹考虑医养结合机构发展需要，做好

续表

年份	政策内容
2015	用地规划布局。对非营利性医养结合机构,可采取划拨方式,优先保障用地;对营利性医养结合机构,应当以租赁、出让等有偿方式保障用地;养老机构设置医疗机构,可将在项目中配套建设医疗服务设施相关要求作为土地出让条件,并明确不得分割转让。 2015年11月25日,国土资源部、住房和城乡建设部、国家旅游局联合发布《关于支持旅游业发展用地政策的意见》,支持使用未利用地、废弃地、边远海岛等土地建设旅游项目。旅游相关建设项目用地中,用途单一且符合法定划拨范围的,可以划拨方式供应;用途混合且包括经营性用途的,应当采取招标拍卖挂牌方式供应。 2015年11月27日,《中共中央国务院关于进一步推进农垦改革发展的意见》,严格执行土地用途管制制度,对农垦土地严格实行分类管理,禁止擅自将农用地转为建设用地;推进农垦土地资源资产化和资本化,创新农垦土地资产配置方式。省级以上政府批准实行国有资产授权经营的国有独资企业、国有独资公司等农垦企业,其使用的原生产经营性国有划拨建设用地和农用地,经批准可以采取作价出资(入股)、授权经营方式处置。有序开展农垦国有农用地使用权抵押、担保试点;农垦土地被依法收回后再出让的,其出让收入实行收支两条线管理,市、县分成的相应土地出让收入要按规定积极用于农垦农业土地开发、农田水利建设以及公益性基础设施建设。 2015年12月2日,国土资源部关于发布《光伏发电站工程项目用地控制指标》的通知。 2015年12月31日,中共中央、国务院印发了《关于落实发展新理念加快农业现代化实现全面小康目标的若干意见》,提出了深化农村集体产权制度改革的系列要求:继续扩大农村承包地确权登记颁证整省推进试点。依法推进土地经营权有序流转,鼓励和引导农户自愿互换承包地块实现连片耕种;推进农村土地征收、集体经营性建设用地入市、宅基地制度改革试点。完善宅基地权益保障和取得方式,探索农民住房保障新机制;完善和拓展城乡建设用地增减挂钩试点,探索将通过土地整治增加的耕地作为占补平衡补充耕地的指标,按照谁投入、谁受益的原则返还指标交易收益;加快编制村级土地利用规划。
2016	2016年1月25日,国土资源部、国家发展改革委、水利部、国家能源局联合下发《关于加大用地政策支持力度促进大中型水利水电工程建设的意见》,加强部门协同,保障水利水电工程建设用地需求。实行先行用地政策,确保水利水电工程及时开工建设。 2016年3月15日,国土资源部办公厅关于印发《城市周边永久基本农田划定情况专项督察工作方案的通知》,要求加快各地永久基本农田划定,确保106个重点城市周边永久基本农田划定按时、保质、保量完成。 2016年4月14日,国土资源部发布《关于进一步做好新型城镇化建设土地服务保障工作的通知》,明确了统筹各业各类用地、保障新型城镇化用地需求、创新土地管理方式、提高新型城镇化质量、维护进城农民土地权益、提升服务保障能力等政策措施。 2016年5月12日,国土资源部发布第三次修订的《土地利用年度计划管理办法》。办法突出了计划和规划的相关性,强调了计划对规划的落实作用,并细化了计划管理的程序,创新了多项具体制度;统筹安排了2016年土地利用计划指标,进一步落实了土地计划支持和激励政策。 2016年6月3日,中国银监会、国土资源部联合下发《关于印发农村集体经营性建设用地使用权抵押贷款管理暂行办法的通知》,在坚持土地公有制性质不变、耕地红线不突破、农民利益不受损的前提下,开展农村集体经营性建设用地使用权抵押贷款工作,落实农村集体经营性建设用地与国有建设用地同等入市、同权同价。

续表

年份	政策内容
2016	2016年6月22日,国土资源部印发《全国土地利用总体规划纲要(2006~2020年)》,方案确定了全国及各省(区、市)规划调整后目标年的耕地保有量、基本农田保护面积和建设用地总规模等指标;明确了基本农田、建设用地结构和布局优化政策。 2016年7月25日,国土资源部《关于补足耕地数量与提升耕地质量相结合落实占补平衡的指导意见》,落实和完善耕地占补平衡制度,坚决防止占多补少、占优补劣、占水田补旱地要求,规范开展提升现有耕地质量、将旱地改造为水田,以补充耕地和提质改造耕地相结合方式落实占补平衡工作。 2016年9月29日,国土资源部、国家发展和改革委员会、公安部、人力资源和社会保障部、住房城乡建设部印发并实施《关于建立城镇建设用地增加规模同吸纳农业转移人口落户数量挂钩机制的实施意见》,从用地标准、规划管控、计划安排、土地供应和农地挖潜等几个方面初步构建了人地挂钩机制的政策框架。 2016年10月11日,国土资源部与发展改革委联合下发《关于落实"十三五"单位国内生产总值建设用地使用面积下降目标的指导意见》,明确到2020年末,确保实现全国单位国内生产总值建设用地使用面积下降20%的目标。 2016年11月25日,国土资源部发布《建设项目用地预审管理办法》第二次修订办法,严格对产能过剩行业项目预审和审批管理。
2017	2017年1月9日,由中共中央、国务院印发并实施《关于加强耕地保护和改进占补平衡的意见》,指出探索建立土地用途转用许可制,强化非农建设占用耕地的转用管控。永久基本农田一经划定,任何单位和个人不得擅自占用或改变用途。强化永久基本农田对各类建设布局的约束,各地区各有关部门在编制城乡建设、基础设施、生态建设等相关规划,推进多规合一过程中,应当与永久基本农田布局充分衔接,原则上不得突破永久基本农田边界。一般建设项目不得占用永久基本农田,重大建设项目选址确实难以避让永久基本农田的,在可行性研究阶段,必须对占用的必要性、合理性和补划方案的可行性进行严格论证,通过国土资源部用地预审;农用地转用和土地征收依法依规报国务院批准。严禁通过擅自调整县乡土地利用总体规划,规避占用永久基本农田的审批。以县域自行平衡为主、省域内调剂为辅、国家适度统筹为补充,落实补充耕地任务。资源环境条件严重约束、补充耕地能力严重不足的省份,对由于实施国家重大建设项目造成的补充耕地缺口,可向国务院申请国家统筹。实行耕地保护党政同责。 2017年1月11日,中共中央办公厅、国务院办公厅印发《关于创新政府配置资源方式的指导意见》,提出自然资源方面要以建立产权制度为基础,实现资源有偿获得和使用。坚持资源公有、物权法定,明确全部国土空间各类自然资源资产的产权主体,适度扩大使用权的出让、转让、出租、担保、入股等权能。研究实行中央和地方政府分级代理行使所有权职责体制。发挥空间规划对自然资源配置的引导约束作用,以主体功能区规划为基础,整合各部门分头编制的各类空间性规划,编制统一的空间规划。 2017年2月4日,国务院印发《全国国土规划纲要(2016~2030年)》,一是构建"多中心网络型"开发格局,推进建设国土开发集聚区和培育国土开发轴带。二是构建分类分级全域保护格局,依据环境质量、人居生态、自然生态、水资源和耕地资源五大类资源环境主题实施分类保护。三是构建综合整治格局,修复与提升主要城市化地区、农村地区、重点生态功能区、矿产资源开发集中区及海岸带和海岛地区的国土功能。强化国土空间用途管制,提升能源资源保障能力,设置"生存线",严格保护耕地和水资源;设置"生态线",将用途管制扩大到所有自然生态空间;设置"保障

续表

年份	政策内容
2017	线",保障经济社会发展必要的建设用地、能源和重要矿产资源安全。 2017年2月5日,中共中央、国务院公开发布《关于深入推进农业供给侧结构性改革加快培育农业农村发展新动能的若干意见》,提出深化农村集体产权制度改革。落实农村土地集体所有权、农户承包权、土地经营权"三权分置"办法。加快推进农村承包地确权登记颁证,扩大整省试点范围。统筹协调推进农村土地征收、集体经营性建设用地入市、宅基地制度改革试点。研究制定支持农村集体产权制度改革的税收政策。 2017年4月10日,国土资源部《关于进一步运用增减挂钩政策支持脱贫攻坚的通知》提出:省级扶贫开发重点县可以将增减挂钩节余指标在省域范围内流转使用。是否允许全部或部分省级扶贫开发工作重点县增减挂钩节余指标在省域范围内流转使用,由各省(区、市)自行决定。 2017年5月2日,国土资源部发布《土地利用总体规划管理办法》,规定了土地利用总体规划的编制、审查、实施、修改和监督检查。 2017年5月5日,国土资源部办公厅、财政部办公厅、农业部办公厅印发《加快推进农垦国有土地使用权确权登记发证工作方案》的通知,提出到2018年底完成权属清晰、无争议的农垦国有土地确权登记发证任务。有条件的国有农场可按照不动产统一登记的要求,一并开展地上房屋的权属调查和测量,实现国有农场房地一体化调查和调查成果的统一管理。对于存在权属争议且一时难以解决的农垦国有土地,可将争议部分划出,对没有争议的土地先予以登记发证,争议土地待争议解决后予以登记发证。 2017年5月10日,国土资源部印发《2017年全国土地利用计划》,提出促进房地产市场平稳健康发展。房地产库存压力过大的城镇要减少乃至停止下达住房建设新增建设用地指标。房价上涨压力大的城市要统筹存量和增量建设用地,综合考虑区域人口、就业、公共服务设施建设等因素,优化土地供应结构,相应增加年度住宅用地供应。 2017年5月23日,国土资源部发布了《中华人民共和国土地管理法(修正案)》(征求意见稿)并开始公开征求意见。修正案针对我国当前土地征收制度不完善,农村集体经营性建设用地不能与国有建设用地同等入市、同权同价,宅基地用益物权尚未完整的落实,土地增值收益分配机制不健全等实际问题,对《土地管理法》做出相应修改。 2017年8月28日,国土资源部、住房城乡建设部共同印发《利用集体建设用地建设租赁住房试点方案》,根据地方自愿,确定第一批在北京、上海、沈阳、南京、杭州、合肥、厦门、郑州、武汉、广州、佛山、肇庆、成都13个城市开展利用集体建设用地建设租赁住房试点。 2017年8月29日,中央全面深化改革领导小组第三十八次会议通过了《关于完善主体功能区战略和制度的若干意见》。会议指出,建设主体功能区是我国经济发展和生态环境保护的大战略。完善主体功能区战略和制度,要发挥主体功能区作为国土空间开发保护基础制度作用,推动主体功能区战略格局在市、县层面精准落地,健全不同主体功能区差异化协同发展长效机制,加快体制改革和法治建设,为优化国土空间开发保护格局、创新国家空间发展模式夯实基础。 2017年9月1日,国土资源部《关于加强城市地质工作的指导意见》,提出鼓励各地因地制宜,探索完善建设用地使用权(地下)出让方式。鼓励工业、仓储、商业等经营性项目合理开发利用地下空间。完善地下建设用地基准地价体系。各地要完善制度、创新方法、标准先行,依法开展建设用地使用权(地下)登记。按照"谁投资、谁受益"的原则,鼓励社会资本投资地下空间资源的开发利用。

续表

年份	政策内容
2017	2017年9月11日，国土资源部发布《关于开展土地估价机构备案工作的通知》，要求2017年9月30日前，从事土地估价业务且符合资产评估法第五条、第十五条等规定的评估机构，应登录"土地估价行业备案系统"，向工商登记所在地的省级国土资源主管部门进行土地估价机构备案。 2017年9月20日，中共中央办公厅、国务院办公厅印发《关于建立资源环境承载能力监测预警长效机制的若干意见》，对土地资源超载地区，原则上不新增建设用地指标，实行城镇建设用地零增长，严格控制各类新城新区和开发区设立，对耕地、草原资源超载地区，研究实施轮作休耕、禁牧休牧制度，禁止耕地、草地非农非牧使用。对临界超载地区，严格管控建设用地总量，逐步提高存量土地供应比例，用地指标向基础设施和公益项目倾斜，严格限制耕地、草地非农非牧使用。对不超载地区，鼓励存量建设用地供应，巩固和提升耕地质量，实施草畜平衡制度。对超载海域，属于空间资源超载的，依法依规禁止岸线开发和新上围填海项目，研究实施海岸建筑退缩线制度。将资源环境承载能力监测预警评价结论纳入领导干部绩效考核体系，将资源环境承载能力变化状况纳入领导干部自然资源资产离任审计范围。 2017年9月25日，中共中央办公厅、国务院办公厅印发《关于支持深度贫困地区脱贫攻坚的实施意见》的通知，提出新增建设用地指标优先保障深度贫困地区发展用地需要。深度贫困地区开展城乡建设用地增减挂钩，可不受指标规模限制。探索"三区三州"及深度贫困县增减挂钩节余指标在东西部扶贫协作和对口支援框架内开展交易，收益主要用于深度贫困地区脱贫攻坚，按照土地出让收入的有关管理规定，加强资金使用管理。支持深度贫困地区农村集体经济组织依法使用农村集体建设用地或以土地使用权入股、联营等方式与其他单位或个人共同举办企业，发展农村新产业新业态。深度贫困地区建设用地，涉及农用地转用和土地征收的，在做好依法补偿安置前提下，可以边建边报批；涉及占用耕地的，允许边占边补；省级以下基础设施、易地扶贫搬迁、民生发展等建设项目，确实难以避让永久基本农田的，可以纳入重大建设项目范围，由省级国土资源主管部门办理用地预审，并按照有关规定办理农用地转用和土地征收。土地整治新增耕地指标，可按照有关规定优先纳入耕地占补平衡国家统筹。 2017年9月25日，国土资源部、国务院扶贫办、国家能源局联合发布《关于支持光伏扶贫和规范光伏发电产业用地的意见》，主要是明确符合要求条件的光伏扶贫项目，光伏方阵使用永久基本农田以外的农用地的，在不破坏农业生产条件的前提下，可不改变原用地性质；场内道路用地可按农村道路用地管理；变电站及运行管理中心、集电线路杆塔基础用地按建设用地管理。 2017年12月4日，国家发展和改革委员会、国土资源部、环境保护部、住房城乡建设部四部委印发《关于规范推进特色小镇和特色小城镇建设的若干意见》提出：各地区要落实最严格的耕地保护制度和最严格的节约用地制度，在符合土地利用总体规划和城乡规划的前提下，划定特色小镇和小城镇发展边界，避免另起炉灶、大拆大建。鼓励盘活存量和低效建设用地，严控新增建设用地规模，全面实行建设用地增减挂钩政策，不得占用永久基本农田。合理控制特色小镇四至范围，规划用地面积控制在3平方千米左右，其中建设用地面积控制在1平方千米左右，旅游、体育和农业类特色小镇可适当放宽。 2017年12月11日，国土资源部发布《关于改进管理方式切实落实耕地占补平衡的通知》，改进耕地占补平衡管理，建立以数量为基础、产能为核心的占补新机制，通过"算大账"的方式，落实占一补一、占优补优、占水田补水田，促进耕地数量、质量和生态三位一体保护。

2.1.2 土地政策对房地产市场的调节机制分析

土地政策是通过土地的相关要素作为中间桥梁实现对房地产市场的调控，包括控制土地的供应量、土地价格以及土地供应结构。

2.1.2.1 土地政策对于房地产市场供求关系的影响

首先，土地政策会对房地产市场的供应量产生影响。土地作为房地产产品的重要载体，是房地产产品的重要生产要素，土地供应计划政策中，国家通过控制建设用地供应总量对房地产开发企业的土地生产要素总量进行控制，可以影响房地产企业的开发规模，从而对房地产市场的供给总量产生影响。

其次，土地政策会对房地产市场的供应结构产生影响。土地供应计划中的供应结构会影响房地产市场的供给结构。如利用土地供应年度计划中对住宅用地结构的控制，可以决定高档商品房、普通商品房、保障性住房的比例。这也会进一步对房地产市场的供需状况和最终的房产价格的形成产生影响。土地使用政策中的《限制用地项目目录》《禁止用地项目目录》和《划拨用地项目目录》等，对使用土地的行业和建设房地产产品的类型都会起到相应的调节作用。

最后，土地政策会间接地影响房地产上下游产业及需求。土地供应政策还可以对于支持重点行业产业的发展，抑制过剩行业发展，通过促进产业结构的优化升级和协调发展，间接地影响 GDP 规模和人民收入水平，从而影响房地产市场的需求。土地政策也会影响与房地产行业有关的土地出让、建材市场、建筑行业、家居行业等上下游产业链的投资总量。

2.1.2.2 土地政策对房地产市场价格的影响

第一，土地出让价格决定房地产产品的价格。土地是房地产开发企业最重要的生产要素之一，土地价格影响房地产产品的成本，进而影响房地产产品的价格。我国当前土地价格的构成主要包括取得成本（征地补偿安置和拆迁费用）、开发成本（七通一平费用）和政府收益（相关税费和土地纯收益），这三项大体上各占1/3[①]。土地价格影响决定房地产的要素成本，土地价格也构成了新建商品房价格的主要组成部分。

政府划拨、协议出让、招拍挂等土地供应方式决定了土地市场具有不同的价格形成机制，政府划拨和土地的协议出让受各种主观因素的影响较多，土地的招拍挂方式是相对市场化程度比较高的形成价格的方式。根据划拨用地目录，廉租住房和经济适用房等保障性住房可以划拨方式取得土地，通过优化住宅市场用地供应结构，可以对房价产生影响。

第二，土地供应量影响房地产价格。土地供应政策也会影响消费者对于房地产市场的预期，进而影响房地产价格。政府通过直接的土地政策向房地产市场传达的土地供应信息会对消费者的预期产生影响。在土地紧缩政策下，考虑到土地总量会持续地减少及政府对土地的各种限制政策以及房产价格会继续上涨的预期，人们倾向于购买价位较高的住宅。同时，开发商也会增加土地储备，导致土地市场需求大于供给，土地价格上涨。

综合前文的分析我们可以看到，土地供应量变动对房地产价格的影响有三条间接的渠道：一是土地投放数量变动会引发房地产市场供应数量变动，进而影响房价；二是土地投放数量变动会影响土地价格，地价作为房地产的成本，地价变化又引起房价变化；三是土地投放数量变动会影响购房者对房价的预期，进而影响当期房地产需求。

第三，土地供应结构影响房地产价格。中国城市建设用地共分为九大类，分别是居住用地、公共设施用地、工业用地、仓储用地、对外交通用地、道路广场用地、市政公用设施用地、绿地和特殊用地。张莉、年永威等[②]（2017）认为，中国城市土地供给中工业用地偏高而商住用地偏低，在现有土地政策下，地方政府面临来自工业用地和商住用地需求方的巨大差异时的策略性选择，地方政府有

---

① 卢为民，于晓峰. 土地政策在房地产市场调控中的作用 [J]. 城市问题，2010（2）：60 – 68.
② 张莉，年永威，皮嘉勇，周越. 土地政策、供地结构与房价 [J]. 经济学报，2017（1）：91 – 118.

动机提高工业用地出让比例,减少商住用地出让比例;低价出让工业用地,高价出让商住用地;同时,高的商住用地价格推高了房价。通过实证分析可以发现,从全国层面来看,商住用地的比例每降低 1 个百分点,房价就上涨 0.092 个百分点。

2.2 金融政策

2.2.1 我国房地产金融政策的构成及变化

对于金融政策目前并没有形成一致性的概念。王国刚(2011)认为,货币政策是影响各个产业与国民经济总量关系的宏观政策,金融政策则是影响金融产业发展和金融市场发展的政策,具有很强的微观性质①。韩双林等(1993)则认为,金融政策是个较宏观的概念,是指政府或中央银行所采取的货币与信用政策的统称。不仅包含了以货币政策来调节货币供给量,稳定货币价值,以期调控国内的金融市场和外汇市场,还考虑财政需要,以求创造有效需求,稳定物价,保持充分就业,是政府、中央银行和其他有关部门所有有关货币方面的规定和采取的影响金融变量的一切措施②。本书采纳后者的观点,因为对房地产市场的调控政策中不仅涵盖了对货币供应量的调节,还包含了对企业融资行为和居民信贷行为的调节。

金融政策按措施内容可以分为法定存款准备金政策、再贴现政策、公开市场业务、消费者信用控制、证券市场信用控制、优惠利率、预缴进口保证金、直接

---

① 王国刚. 简论货币、金融与资金的相互关系及政策内涵 [J]. 金融评论, 2011 (2): 1-21.
② 韩双林, 马秀岩. 证券投资大辞典 [M]. 哈尔滨: 黑龙江人民出版社, 1993.

信用控制和间接信用控制等。金融政策按调节方向可以分为紧缩型金融政策和扩张型金融政策。

1988年召开第一次住房体制改革会议后,我国住房信贷业务自1991年开始起步,各项住房信贷政策陆续出台。随着房地产市场的发展形势的变化,我国房地产市场经历了以下几次重大的金融政策调整阶段:

(1) 1993~1997年的紧缩性的房地产金融政策。

随着房屋成为商品,我国的房地产市场化迅速发展,大量资金短时间聚集到房地产及其相关行业,一些地区出现了房地产泡沫的倾向。

1993年,国务院出台政策要求各地整顿金融秩序以达到稳定房价的目标。1994年,政府实施了紧缩财政支出和紧缩的货币政策。该次调控达到了治理房地产市场过热预期的目标,市场秩序得到了恢复。

(2) 1998~2002年的扩张性的房地产金融政策。

紧缩政策也带来了大量烂尾楼和对银行业的重创,兼之1997年的东南亚金融危机导致中国经济开始下滑,房地产市场的发展进入低谷。为了提振经济,我国政府切换到扩张性金融政策。

1998年4月,中国人民银行发出了《关于加大住房信贷投入支持住房建设与消费的通知》,颁布了《个人住房贷款管理办法》,扩大了贷款可用于购买住房的范围、实施城市和金融机构的范围,并且对于利率进行了调整,商业银行自营性个人住房贷款利率按照法定贷款利率减档执行。

1999年2月,中国人民银行下发《关于鼓励消费贷款的若干意见》,将住房贷款与房价款比例从70%提高到80%,鼓励商业银行提供全方位优质金融服务。1999年9月,中国人民银行调整个人住房贷款的期限和利率,将个人住房贷款最长期限从20年延长到30年,将个人住房贷款利率下调10%。同时,对公积金贷款期限也作了相应调整。

2001年,我国的房地产市场保持较快发展速度,政府的调控目标是促进房地产市场进一步发展和消化积压商品房,同时也注意控制过速的风险,对房地产企业贷款政策和个人贷款政策进行了严格化的规定,规定了开发企业自有资金的

第2章 中国房地产市场调控政策及作用机制分析

比例不低于项目总投资的30%，个人住房贷款禁止零首付。

2002年2月21日开始，中国人民银行降低个人住房公积金贷款利率水平，5年以下（含5年）由4.14%下调为3.6%，5年以上由4.59%下调为4.05%。

1998~2002年，中国人民银行先后共五次下调了贷款利率。

（3）2003~2008年上半年的紧缩性的房地产金融政策。

随着房价一路飙升，政府采用紧缩金融政策以抑制房地产投资行为，确保房价稳定。

2003年6月，中国人民银行发布《关于进一步加强房地产信贷业务管理的通知》，严格了贷款发放条件，提高了二套住房首付比例。9月21日起存款准备金率从原来的6%调高至7%。

2004年9月2日，银监会颁布《商业银行房地产贷款风险管理指南》，规定建筑商不得为开发商垫资建楼，开发商开发项目自有资金不低于项目总投资的35%，购房者月供房款不得超过收入的50%。10月29日中国人民银行上调金融机构一年期存款基准利率0.27个百分点，由1.98%提高到2.25%；一年期贷款基准利率上调0.27个百分点，由5.31%提高到5.58%；金融机构的贷款利率原则上不再设定上限，下浮幅度不变，贷款利率仍为基准利率的0.9倍。

2005年3月，中国人民银行宣布取消住房贷款优惠利率：对房地产价格上涨过快的城市或地区，个人住房贷款最低首付款比例可由现行的20%提高到30%。9月底，银监会发布《加强信托投资公司部分业务风险提示的通知》即"212号文件"，收紧房地产信托。

2006年4月27日，中国人民银行上调贷款利率0.27个百分点，一年期贷款利率提高到5.85%，五年期贷款利率由6.12%上调至6.39%。5月29日，国务院办公厅出台《关于调整住房供应结构稳定住房价格的意见》，提出个人住房按揭贷款首付款比例不得低于30%。8月19日，中国人民银行上调存贷款基准利率0.27个百分点，一年期贷款利率提高至6.12%，五年期以上的提高至6.66%。

2007年3月18日，中国人民银行上调存贷款利率0.27个百分点。5月19

日,中国人民银行上调一年期存款利率0.27个百分点,一年期贷款利率上调0.18个百分点。6月,中国人民银行上调存款类金融机构人民币存款准备金率0.5个百分点。7月20日,中国人民银行上调一年期存贷款利率0.27个百分点,同时上调活期存款利率9个基点。8月22日,中国人民银行上调一年期存款基准利率0.27个百分点;上调一年期贷款基准利率0.18个百分点。9月15日,中国人民银行上调一年期存贷款基准利率0.27个百分点。9月27日,中国人民银行发布《中国银行业监督管理委员会关于加强商业性房地产信贷管理的通知》,规定购买90平方米以下首套首付比不得低于20%;90平方米以上的不能低于30%;二套住房贷款首付比不得低于40%,利率不得低于基准利率的1.1倍。12月21日,中国人民银行上调一年期存款基准利率0.27个百分点;上调一年期贷款基准利率0.18个百分点。

2008年上半年,中国人民银行6次上调人民币存款准备金率,每次上调0.5%,存款准备金率上调至17.5%。如表2-2所示。

表2-2 2008~2017年房地产市场相关主要金融政策汇总

年份	政策内容
2008	1月18日,中国人民银行决定上调存款类金融机构人民币存款准备金率0.5个百分点至15.0%。 3月18日,中国人民银行决定上调存款类金融机构人民币存款准备金率0.5个百分点至15.5%。 4月16日,中国人民银行决定上调存款类金融机构人民币存款准备金率0.5个百分点至16.0%。 5月12日,中国人民银行决定上调存款类金融机构人民币存款准备金率0.5个百分点至16.5%。 6月7日,中国人民银行决定上调存款类金融机构人民币存款准备金率0.5个百分点至17.0%。 8月,中国人民银行、银监会联合下发《关于金融促进节约集约用地的通知》,规定对列入国家《禁止用地项目目录》的项目,严禁发放贷款;已发放贷款的,应在采取必要保全措施的基础上,逐步收回。贷款抵押率最高不得超过抵押物评估价值的70%,贷款期限原则上不超过2年。 9月15日,中国人民银行决定"双率齐降",下调一年期贷款利率0.27个百分点。 9月25日,中国人民银行决定提准0.5个百分点至17.5%。 10月9日,中国人民银行宣布,自10月9日起下调一年期存贷款基准利率各0.27个百分点。 10月15日,中国人民银行决定下调存款类金融机构人民币存款准备金率0.5个百分点至17.0%。 10月27日,中国人民银行决定自10月27日起,将商业性个人住房贷款利率的下限扩大为贷款基准利率的0.7倍;最低首付款比例调整为20%。 10月30日,中国人民银行决定自10月30日起,下调金融机构一年期存贷款基准利率0.27%,其他相应调整。

第 2 章 中国房地产市场调控政策及作用机制分析

续表

年份	政策内容
2008	11 月 27 日,中国人民银行决定自 11 月 27 日起,下调金融机构一年期人民币存贷款基准利率各 1.08 个百分点,其他相应调整。 11 月 26 日,中国人民银行决定自 12 月 5 日起,下调金融机构人民币存款准备金率 1 个百分点至 16.0%。 12 月 23 日,中国人民银行决定自 12 月 23 日起,下调一年期人民币存贷款基准利率各 0.27 个百分点,其他期限档次存贷基准利率作出相应调整。 12 月 25 日,中国人民银行决定自 12 月 25 日起,下调金融机构人民币存款准备金率 0.5 个百分点至 15.5%。
2009	4 月 12 日,银监局重申《国务院办公厅关于促进房地产市场健康发展的若干意见》,对于已贷款购买一套住房,但人均面积低于当地平均水平,再申请贷款购买第二套用于改善居住条件的普通自住房的居民,可比照执行首次贷款购买普通自住房的优惠政策;非改善型二套房贷,首付至少四成。 5 月 27 日,国务院公布了固定资产投资项目资本金比例的调整结果,普通商品住房项目投资的最低资本金比例从 35% 调低至 20%。 6 月 22 日,银监会下发《关于进一步加强按揭贷款风险管理的通知》,对二套房政策作出严厉重申,坚持重点支持借款人购买首套自住住房的贷款需求,严格遵守第二套房贷的有关政策不动摇。 10 月 16 日,住房和城乡建设部、财政部、国家发展和改革委员会、中国人民银行、监察部、审计署、银监会七部门日前联合印发《关于利用住房公积金贷款支持保障性住房建设试点工作的实施意见》,按照利用住房公积金闲置资金支持保障性住房建设的试点工作正式启动。
2010	1 月 10 日,国务院办公厅《关于促进房地产市场平稳健康发展的通知》,严格二套房贷款管理,首付不得低于 40%;加强监控跨境投融资活动,防范外热钱冲击中国市场。 1 月 18 日,中国人民银行上调存款类金融机构人民币存款准备金率 0.5 个百分点至 16.0%。 1 月 20 日,银监会发布《流动资金贷款管理暂行办法》,规定流动资金不得用于固定资产、股权等投资,不得用于国家禁止生产、经营的领域和用途。 2 月 25 日,中国人民银行上调存款类金融机构人民币存款准备金率 0.5 个百分点至 16.5%。 4 月 17 日,国务院发布《关于坚决遏制部分城市房价过快上涨的通知》即"新国十条",90 平方米以上的首套,首付比不得低于 30%;对贷款购买第二套住房的家庭,贷款首付款比例不得低于 50%,贷款利率不得低于基准利率的 1.1 倍;暂停第三套及以上住房贷款。 5 月 10 日,中国人民银行上调存款类金融机构人民币存款准备金率 0.5 个百分点至 17.0%。 10 月 13 日,中国人民银行上调存款类金融机构人民币存款准备金率 0.5 个百分点。 10 月 20 日,中国人民银行决定,即日起上调金融机构一年期存贷款基准利率各 0.25 个百分点,其他各档次相应调整。 11 月 3 日,住房和城乡建设部、财政部、中国人民银行、银监会发布《关于规范住房公积金个人住房贷款政策有关问题的通知》,全面叫停第三套住房公积金贷款,并将第二套住房公积金个人住房贷款提至五成。 11 月 16 日,中国人民银行上调存款类金融机构人民币存款准备金率 0.5 个百分点至 17.5%。 11 月 29 日,中国人民银行上调存款类金融机构人民币存款准备金率 0.5 个百分点至 18.0%。

续表

年份	政策内容
2010	12月20日，中国人民银行上调存款类金融机构人民币存款准备金率0.5个百分点至18.5%。 12月26日，中国人民银行决定即日起上调金融机构一年期存贷款基准利率各0.25个百分点，其他各档次相应调整。
2011	1月20日，中国人民银行决定即日起上调存款类金融机构人民币存款准备金率0.5个百分点，至此，大型商业银行的存款准备金率达到19%的历史新高。 1月26日，国务院发布《国务院办公厅关于进一步做好房地产市场调控工作的有关问题的通知》，继续差别化信贷政策，要求将第二套房的房贷首付从原来的不低于50%改为不低于60%，贷款利率不低于基准利率的1.1倍。 2月8日，中国人民银行决定，2月9日起上调金融机构一年期存贷款基准利率0.25个百分点。 2月9日，住房和城乡建设部发布《关于调整住房公积金存贷利率的通知》，要求从2011年2月9日起，上调个人住房公积金贷款利率。五年期以上个人住房公积金贷款利率上调0.20个百分点。五年期以下（含五年）个人住房公积金贷款利率上调0.25个百分点。 2月18日，中国人民银行宣布将于24日起上调存款类金融机构人民币存款准备金率0.5个百分点至19.5%。 3月25日，中国人民银行决定即日起上调存款类金融机构人民币存款准备金率0.5个百分点至20%。 4月6日，中国人民银行决定即日起金融机构一年期存贷款基准利率再次上调0.25个百分点，其他各档次存贷款基准利率相应调整。 4月21日，中国人民银行决定自2011年4月21日起，上调存款类金融机构人民币存款准备金率0.5个百分点，大型商业银行的存款准备金率达20.5%的历史新高。 5月18日，中国人民银行决定即日起上调存款类金融机构人民币存款准备金率0.5个百分点，大型商业银行的存款准备金率达21%的历史新高。 6月20日，中国人民银行决定即日起上调存款类金融机构人民币存款准备金率0.5个百分点，至此，大型商业银行的存款准备金率达到21.5%，再创历史新高。 7月7日，中国人民银行决定上调金融机构一年期存贷款基准利率0.25个百分点，其他各档次及公积金相应调整。 12月5日，中国人民银行决定从2011年12月5日起，下调存款类金融机构人民币存款准备金率0.5个百分点，为近三年以来的首次。
2012	2月2日，中国人民银行金融市场工作座谈会，继续落实差别化住房信贷政策，加大对保障性安居工程和普通商品住房建设的支持力度，满足首次购房家庭的贷款需求。 2月24日，中国人民银行决定从2012年2月24日起，下调存款类金融机构人民币存款准备金率0.5个百分点至20.5%。 5月17日，中国人民银行决定下调存款类金融机构人民币存款准备金率0.5个百分点至20%。 6月7日，中国人民银行宣布下调金融机构一年期存贷款基准利率0.25个百分点；贷款利率上限为1.1倍基准利率，下限为0.8倍基准利率。 7月6日，中国人民银行决定于6日起再度下调金融机构人民币存贷款基准利率0.25个百分点，一年期贷款利率下调0.31个百分点，另外利率浮动下限调整为基准利率的0.7倍。

续表

年份	政策内容
2013	3月2日，国务院发布《关于继续做好房地产市场调控工作的通知》，继续严格执行商品住房限购措施，同时进一步提高第二套住房贷款的首付款比例和贷款利率。
2014	2月21日，中国人民银行明确提出要落实差别化住房信贷政策，满足首套自住购房的贷款需求，切实提高保障性安居工程金融服务水平。 3月20日，中国人民银行《关于开办支小再贷款支持扩大小微企业信贷投放的通知》，明确支小再贷款的发放对象是小型城市商业银行、农村商业银行、农村合作银行和村镇银行四类地方性法人金融机构。用途是支持以上四类金融机构发放小微企业贷款。贷款条件设定上季度末小微企业贷款增速不低于同期各项贷款平均增速、贷款增量不低于上年同期水平；期限设置为三个月、六个月、一年三个档次，可展期两次，期限最长可达3年。暂执行利率水平为三个月3.7%、六个月3.9%、一年期4.0%。 4月10日，中国国家开发银行表示，将加快棚改项目评审和贷款发放，力争4月底实现贷款发放人民币1000亿元左右，以保障各地棚户区改造工程的资金要求，同时要加快住宅金融事业部的组建。 4月23日，中央人民银行宣布将降低部分农村商业银行存款准备金率，其中下调县城农村商业银行人民币存款准备金率2%，下调县域农村合作银行人民币存款准备金率0.5%，于4月25日起执行。 6月9日，中国人民银行宣布从2014年6月16日起，对符合审慎经营要求且"三农"和小微企业贷款达到一定比例的商业银行（不含2014年4月25日已下调过准备金率的机构）下调人民币存款准备金率0.5个百分点。 9月30日，中国人民银行、中国银监会联合下发《关于进一步做好住房金融服务工作的通知》（以下简称"9·30房贷新政"），内容涉及加大对保障房金融支持、支持居民合理住房贷款需求、支持房企合理融资需求等多项政策。其中，最受购房者欢迎的是"贷清不认房"、贷款利率下限为基准利率的0.7倍等措施。 10月9日，住房和城乡建设部、财政部和央行联合印发《关于发展住房公积金个人住房贷款业务的通知》，要求各地放宽公积金贷款条件。今后职工连续缴存6个月即可申请公积金贷款，并取消四项收费。而此前是须连续缴存12个月。此外，未来公积金贷款额度将有所放宽，比如将支持首套房贷款、适当调高贷款额度等。同时，还将推进公积金异地使用，实现异地互认、转移接续。 11月21日，中国人民银行决定自2014年11月22日起下调金融机构人民币贷款和存款基准利率。其中，规定金融机构一年期贷款基准利率下调0.4个百分点至5.60%；一年期存款基准利率下调0.25个百分点至2.75%。同时结合推进利率市场化改革，将金融机构存款利率浮动区间的上限由存款基准利率的1.1倍调整为1.2倍。
2015	1月22日，住建部、财政部、中国人民银行颁布《关于放宽提取住房公积金支付房租条件的通知》，连续足额缴纳住房公积金满3个月，本人及配偶在缴存城市无自有住房且租赁住房的，可提取夫妻双方住房公积金支付房租。 2月5日起，中国人民银行下调金融机构人民币存款准备金率0.5个百分点。 3月1日，中国人民银行下调金融机构人民币贷款和存款基准利率0.25个百分点。

续表

年份	政策内容
2015	3月18日，国管公积金《关于进一步调整住房公积金个人贷款有关问题的通知》，借款申请人购买首套自住住房且贷款受理前一年之内未提取住房公积金的，将原规定的个人账户余额不足2万元按照2万元计算，调整为个人账户余额不足5万元按照5万元计算。 3月30日，中国人民银行、住建部、银监会联合下发通知，对拥有一套住房且相应购房贷款未结清的居民家庭购二套房，最低首付款比例调整为不低于40%。使用住房公积金贷款购买首套普通自住房，最低首付20%；拥有一套住房并已结清贷款的家庭，再次申请住房公积金购房的，最低首付30%。 4月20日，中国人民银行下调各类存款类金融机构人民币存款准备金率1个百分点。 5月11日，中国人民银行下调存贷款基准利率0.25个百分点。中国人民银行10日宣布，自2015年5月11日起下调金融机构人民币贷款和存款基准利率。金融机构一年期贷款基准利率下调0.25个百分点至5.1%。其他各档次贷款及存款基准利率、个人住房公积金存贷款利率相应调整。这一调整使商业房贷利率调整到了5.65%，住房公积金贷款利率调整到了3.75%。 6月28日，中国人民银行下调金融机构人民币贷款和存款基准利率0.25个百分点。 8月26日，中国人民银行分别下调金融机构人民币贷款和存款基准利率0.25个百分点；公积金利率降低3.25。 8月31日，中国人民银行、住建部、银监会联合下发通知，对拥有一套住房并已结清相应购房贷款的居民家庭，为改善居住条件再次申请住房公积金委托贷款购买住房的，最低首付款比例由30%降低为20%。北京、上海、广州、深圳可以在国家统一政策身上，结合本地实际，自主决定申请住房公积金委托贷款购买第二套住房的最低首付款比例。 9月6日，中国人民银行下调金融机构人民币存款准备金率0.5个百分点；放开商业银行和农村合作机构等存款利率上限，这标志着我国的利率管制已基本放开，利率市场化进入新阶段。 9月30日，住建部、财政部、中国人民银行颁布《关于切实提高住房公积金使用效率的通知》，提高实际贷款额度，月还款额与月收入比上限控制在50%~60%，延长贷款偿还期限；拓宽贷款资金筹集渠道；全面推行异地贷款业务等。 9月30日，在不实施限购措施的城市，对居民家庭首次购买普通住房的商业性个人住房贷款，最低首付款比例调整为不低于25%。 10月24日起，中国人民银行再次下调金融机构人民币存款准备金率0.5个百分点，五年以上长贷利率降至4.9%，五年以上公积金贷款利率降至3.25%，均处于历史低点。 11月12日，国管公积金发布《关于调整中央国家机关住房公积金个人贷款措施的通知》，进一步加大贷款支持力度，职工购买首套房申请贷款不再考虑近一年内是否提取过住房公积金，且计算贷款额度时账户余额不足7万元均按照7万元计算。 11月20日，国务院法制办公室公布《住房公积金管理条例（修订送审稿）》，放宽公积金缴存范围、提取条件和使用范围，提出可以按国有有关规定申请发行住房公积金个人住房贷款支持证券，或通过贴息等方式进行融资，也可将住房公积金用于购买国债、大额存单及地方政府债券、政策性金融债、住房公积金个人住房贷款支持证券等高信用等级固定收益类产品。

续表

年份	政策内容
2016	2月2日，中国人民银行、中国银监会发布了《关于调整个人住房贷款政策有关问题的通知》，在不实施限购措施的城市，居民家庭首次购买普通住房的商业性个人住房贷款，原则上低首付款比例为25%，各地可向下浮动5个百分点；对拥有1套住房且相应购房贷款未结清的居民家庭，低首付款比例调整为不低于30%。对于实施限购措施的城市，个人住房贷款政策按原规定执行。 2月17日，中国人民银行、住房城乡建设部联合财政部发布通知将从2月21日起，调整职工住房公积金账户存款利率，目前分别为0.35%和1.10%。此次调整后，职工住房公积金账户存款利率将统一按一年期定期存款基准利率执行，目前为1.50%。 3月1日，中国人民银行决定，自2016年3月1日起，普遍下调金融机构人民币存款准备金率0.5个百分点，以保持金融体系流动性合理充裕，引导货币信贷平稳适度增长，为供给侧结构性改革营造适宜的货币金融环境。 5月1日，阶段性适当降低住房公积金缴存比例政策，凡住房公积金缴存比例高于12%的，一律予以规范调整，不得超过12%。从2016年5月1日起实施，暂按两年执行。 10月14日，国务院发布《互联网金融风险专项整治工作实施方案》，明确表示未取得相关金融资质的房地产企业不得利用P2P以及众筹平台从事房地产业务，严禁"首付贷"；取得相关金融资质的，不得违规开展房地产金融相关业务。 10月21日，银监会在第三季度经济金融形式分析会上提出了7项措施，其中第二条严控房地产金融业务风险，严格执行房地产贷款业务制度要求与调控政策；规范各类贷款业务管理，严禁违规发放或挪用信贷资金进入房地产领域；加强理财资金投资管理，严禁银行理财资金违规进入房地产领域。
2017	2月20日，中国人民银行发布《2016第四季度中国货币政策执行报告》中首次提出稳健中性货币政策。提出2017年不仅要防通货膨胀，还要严格限制信贷，防止经济脱实向虚。 3月16日，中国人民银行分别上调逆回购和MLF操作利率10个基点。 3月23日，中国人民银行加急下发了《中国人民银行办公厅关于做好2017年信贷政策工作的意见》，其中包括了银行适度调整住房贷款的内容。具体而言，要加强对商业银行窗口指导，督促其优化信贷结构，合理控制房贷比和增速等。全国各地银行房贷利率收紧。 4月10日，中国银监会印发《关于银行业风险防控工作的指导意见》，提出应分类实施房地产信贷调控。严厉打击"首付贷"等行为，切实抑制热点城市房地产泡沫。在房地产风险管控方面，银行业金融机构要建立全口径房地产风险监测机制，将房地产企业贷款、个人按揭贷款、以房地产为抵押的贷款、房地产企业债券，以及其他形式的房地产融资纳入监测范围，定期开展房地产压力测试。加强房地产业务合规性管理，严禁资金违规流入房地产领域。各级监管机构要重点关注房地产融资占比高、贷款质量波动大的银行业金融机构，以及房地产信托业务增量较大、占比较高的信托公司。对于房地产押品管理方面，银行业金融机构要完善押品准入管理机制，建立健全房地产押品动态监测机制，及时发布内部预警信息，采取有效应对措施。 4月11日，住房城乡建设部和中国建设银行联合发布《关于推进商业金融支持小城镇建设的通知》，提出加大商业金融对小城镇建设的支持力度，积极引导社会资本进入小城镇。

续表

年份	政策内容
2017	6月9日，中国银监会、国土资源部联合下发《关于金融资产管理公司等机构业务经营中不动产抵押权登记若干问题的通知》，明确地方政府不得将公益性资产、储备土地注入融资平台公司，不得承诺将储备土地预期出让收入作为融资平台公司偿债资金来源，不得利用政府性资源干预金融机构正常经营行为。 9月29日，银监会召开"今年以来银行业运行及监管情况"通报会，要严厉打击"首付贷"，严查挪用消费贷款资金，防范房地产泡沫风险。 11月6日，住房城乡建设部、中国人民银行、银监会联合部署规范购房融资和加强反洗钱工作，提出严禁房地产开发企业、房地产中介机构违规提供购房首付融资，严禁互联网金融从业机构、小额贷款公司违规提供"首付贷"等购房融资产品或服务，严禁房地产中介机构、互联网金融从业机构、小额贷款公司违规提供房地产场外配资，严禁个人综合消费贷款等资金挪用于购房。要求银行业金融机构加大对首付资金来源和借款人收入证明真实性的审核力度，严格对个人住房贷款和个人综合消费贷款实行分类管理，强化对个人综合消费贷款、经营性贷款、信用卡透支等业务的额度和资金流向管理，严格按照合同约定监控贷款用途，严禁挪用资金购房。

资料来源：笔者根据公开资料做不完全整理。

根据表2-2可以看到2008年以后的金融政策走向，呈现以下阶段性特征：

（4）2008年下半年至2009年宽松性的房地产金融政策。

2008年初，全国商品房交易开始萎缩，房价下跌，金融调控政策呈现宽松特征，主要包括下调商业性个人住房贷款利率、降低首付款比例、有区别地确定利率水平等。调控政策释放了大量的刚性需求，产业及股市的资金大量转移向房地产市场，房地产市场回暖。但供应量不能满足市场需求日益明显。2009年，房地产调控政策的重点在二套房。直到11月，全国房价上涨明显，环比涨幅也出现大幅上升的趋势，调控开始收紧。

（5）2010～2011年紧缩性的房地产金融政策。

由于通胀明显和房地产市场成交量持续攀升，造成房地产的市场价格上涨过快。2010年紧缩性的金融政策调控再度密集展开，金融政策收紧，共六次上调存款准备金率，提高了首付款比例。2011年，金融政策调控力度增大，多次提准、加息，调控整体偏紧。对贷款购买第二套住房的家庭，首付款比例不低于

60%，贷款利率不低于基准利率的1.1倍。限购城市增加至50多个。在限购、限价、金融收紧政策的共同作用下，2012年的前两个月房地产成交量断崖式下跌，金融政策上3年半以来首次降息，调控趋于宽松。

（6）2012~2017年宽松稳健性的房地产金融政策。

2013年整体较为宽松。2014年前期房地产市场下行，后期房地产金融政策调控逐步放开。2015年"两会"确定了房地产市场以鼓励满足刚需和改善性需求为主的基调，因此2015年的房地产金融政策均旨在刺激房地产需求和促进房地产市场成交，政策趋势比较宽松。2016年房地产金融政策强调因地施策，整体呈现前放后收的趋势。2017年，中国银行提出实施稳健中性货币政策，房地产金融政策也比较稳健。

2.2.2 金融政策对房地产市场的调节机制分析

2.2.2.1 利率政策对房地产市场的影响

（1）利率变化对房地产市场供给和价格的影响。利率对房地产市场供给和价格的影响主要通过对房地产开发企业的贷款体现，以利率水平提高为例：

首先，当提高对房地产开发企业的贷款利率时，会增加房地产开发企业的资金成本，降低企业的预期利润，从而降低房地产开发企业的供给意愿。

其次，提高对房地产开发企业的贷款利率，会提高房地产开发企业获得资金的门槛，从而限制房地产开发企业的生产能力，影响房地产市场的供给水平。

最后，利率水平的变化对土地的供应产生影响。提高对房地产企业的贷款利率将增加房地产开发企业购买土地的成本，将不可避免地减少房地产开发企业对土地的投入规模，从而减少土地开发面积，影响房地产市场供给水平。

从长期看，价格上升会导致单位收益增加，从而可能的供应量增加，进而达到了一个新的平衡。但从短期效应看，利率上调会导致房价上升。况伟大（2010）研究表明，提高利率政策不仅不能抑制房价，反而导致了房价上涨。同时，利率预期对房价影响不显著[①]。

（2）利率政策对房地产市场需求和价格的影响。利率对房地产市场需求和价格的影响主要通过对购房者个人的贷款体现，以利率水平提高为例：

首先，利率水平的变化将直接影响到购房者的购买能力。当提高个人住房贷款利率，购房者还款成本增加，有支付能力的购房者数量减少，从而影响房地产市场的需求。

其次，利率水平的变化会影响到购房者的购买意愿。当存贷款利率提高，市场的平均收入水平，投资的不同渠道，如储蓄、股市和房地产市场的收益水平将会随之调整，个人投资者会根据自己的风险偏好重新进行资产配置，从而促使在房地产市场需求规模的变化。

但是，在过去的十多年里，中国的房地产市场正处于高速发展阶段。购买住房的刚性需求、改善性需求和投资性需求已经形成了房地产市场的累积性需求。即使利率提高了购房成本，也难以消化累积形成的需求。因此，利率和房地产价格之间并没有形成长期稳定的均衡关系，利用利率政策对房地产价格进行干预的效果并不显著。

2.2.2.2　信贷政策对房地产市场的影响

信贷政策间接地增加或减少房地产融资渠道，提高或降低融资成本，如公积金贷款政策、最长贷款年限、首付比例与房地产市场的干扰。以信贷紧缩政策为例，通过严格的公积金贷款政策、降低最高贷款期限、提高首付比例来提高信贷门槛，加大消费信贷的成本，从而减少房地产市场的需求。对房地产开发企业的紧缩信贷政策增加了开发成本，如控制和降低贷款额度给房地产开发企业，这将增加开发成本，从而影响房地产市场的供给。

---

① 况伟大. 利率对房价的影响 [J]. 世界经济, 2010 (4): 134 – 145.

2.3 税收政策

2.3.1 我国房地产税收政策的构成和变化

我国与房地产市场相关的税种可以从房地产的三级市场来进行分析：

房地产一级市场又称土地一级市场，是土地使用权出让的市场，即国家通过其指定的政府部门将城镇国有土地或将农村集体土地征用为国有土地后出让给使用者的市场。出让的土地，既可以是生地，也可以是经过开发达到"七通一平"的熟地。房地产一级市场是由国家垄断的市场。对房地产开发企业来说，在一级市场取得开发商品房等经营性用地，以招、拍、挂方式取得土地，主要涉及契税和印花税。

房地产二级市场是土地使用者经过开发建设，将新建成的房地产进行出售和出租的市场。一般指商品房首次进入流通领域进行交易而形成的市场。房地产二级市场也包括土地二级市场，即土地使用者将达到规定可以转让的土地，进入流通领域进行交易的市场。对房地产开发企业来说，包括建设开发和销售两大环节：建设开发环节是取得建设用地规划许可证、建设工程规划许可证、施工许可证后进行施工，主要涉及土地使用税、印花税。销售环节是取得预售证后进行预售，需预缴增值税、土地增值税和企业所得税。

房地产三级市场是购买房地产的单位和个人，再次将房地产转卖或转租的市场。也就是房地产再次进入流通领域进行交易而形成的市场。房地产三级市场也包括房屋的交换、抵押、典当等流通形式。在这个环节，主要涉及增值税、个人所得税、印花税和契税等。

到目前为止，我国在调控房地产市场的税收政策中涉及以下几个税种：个人所得税、契税、土地增值税、营业税、房产税、印花税、耕地占用税等。

1986年9月15日和1988年9月27日，国务院先后发布《中华人民共和国房产税暂行条例》和《中华人民共和国城镇土地使用税暂行条例》，分别自1986年10月1日和1988年11月1日起施行。房产税的征税对象为位于城市、县城、建制镇和工矿区的房产，纳税人为房屋的产权所有人或者承典人、代管人、使用人，计税依据分为房产原值一次减除10%~30%后的余值和房产租金收入两种，税率也相应分为1.2%和12%。

1992年6月11日，财政部印发《关于住房制度改革中财政税收政策的若干规定》的通知，各企业、行政事业单位和房产经营单位：按标准价出售新、旧住房取得的收入；住房建设单位，按标准价销售给集资、合作单位或个人住房取得的收入，免征营业税。对以高于标准价的价格出售公有新、旧住房，按规定征收营业税。标准价是指省、自治区、直辖市人民政府规定的标准价。从当地房改之日起，各企业、行政事业单位和住房合作社新建成投入使用的公有住房，以标准价向个人出售，其个人出资部分；房产经营公司向个人出售的商品住房部分，在计征固定资产投资方向调节税时，按零税率给予照顾。对单位向个人出售住房中单位出资部分，以及由住房合作社建成的住房，实行出租或出售等经营的部分，均按适用税率计征固定资产投资方向调节税；房产经营公司向单位出售的职工住房，按5%的税率计征固定资产投资方向调节税。

1994年12月6日，《国家税务总局关于中外合作开发房地产征收营业税问题的批复》规定土地使用权转移按实际取得的全部收入征收营业税，对销售商品房也应征税。

1995年1月27日，财政部颁布《中华人民共和国土地增值税暂行条例实施细则》。

1999年7月，财政部、国家税务总局出台了《关于调整房地产市场若干税收政策的通知》，对个人购买并居住满一年的普通住宅，销售时免征营业税；对居住不满一年的实行差额计征；个人购买普通住宅减半征收契税，转让免征土地增值税。1999年12月，财政部、国家税务总局、建设部联合下发《关于个人出售住房所得征收个人所得税有关问题的通知》，个人出售住房所得按"财产转让所得"项目征税，对个人转让自用满5年以上，并且是家庭唯一住房的免征个人所得税，出售自住住房并在1年内重新购房的减免个人所得税。

2000年12月，财政部、国家税务总局发布《关于调整住房租赁市场税收政策的通知》，个人按市场价格出租房屋营业税减按3%、房产税减按4%、个人所得税减按10%征收。

2001年1月，政府定价出租的住房，暂免征收房产税。4月，财政部、国家税务总局发布《关于对消化空置商品房有关税费政策的通知》。对财政部、国家税务总局《关于调整房地产市场若干税收政策的通知》（财税字〔1999〕210号）中规定的"1998年6月30日以前建成尚未售出的商品住房"免征营业税、契税的优惠政策，延期执行两年，即延长至2002年12月31日。

2003年7月15日，国家税务总局《关于房产税城镇土地使用税有关政策规定的通知》，房地产开发企业自用、出租、出借本企业建造的商品房，自房屋使用或交付之次月起计征房产税和城镇土地使用税。

2005年5月27日，出台《关于加强房地产税收管理的通知》，个人购房未满两年转手全额征收营业税，6月1日正式实施。2005年10月11日，国家税务总局发布《关于实施房地产税收一体化管理若干问题的通知》，统一了二手房买卖税收办法，正式明确了个人买卖二手房必须缴纳个人所得税。

2006年3月14日，第十届全国人民代表大会第四次会议批准《中华人民共和国国民经济和社会发展第十一个五年规划纲要》。纲要中提出：改革房地产税收制度，稳步推行物业税，并相应取消有关收费。2006年5月31日，国税总局下发《关于加强住房营业税征收管理有关问题的通知》，6月1日后，个人将购买不足5年的住房对外销售全额征收营业税。7月26日，国税总局发布《关于住房转让所得征收个人所得税有关问题的通知》，规定从8月1日起，各地税局将在全国范围内统一强制性征收二手房转让个人所得税。9月14日，国家税务总局颁发《关于加强房地产交易个人无偿赠与不动产税收管理有关问题的通知》，加强无偿赠与行为、受赠房屋销售、赠与行为后续管理的税收征管。12月

31日,国务院公布《关于修改〈中华人民共和国城镇土地使用税暂行条例〉的决定》和修改以后的《中华人民共和国城镇土地使用税暂行条例》,自2007年1月1日起施行。此条例修改的主要内容,一是扩大了纳税人的范围,开始对外商投资企业和外国企业征税;二是大幅度地提高了税额标准(每平方米应税土地的最低税额标准从每年0.2元提高到0.6元,最高税额标准则从每年10元提高到30元)。

2007年1月16日,国税总局下发《房地产开发企业土地增值税清算管理有关问题的通知》,进一步明确了房地产企业土地增值税进行清算式缴纳的适用范围。2007年12月发布了《中华人民共和国耕地占用税暂行条例》。

表2-3 2008~2017年房地产市场相关主要税收政策汇总

年份	政策内容
2008	3月,国家税务总局下发《关于廉租住房、经济适用住房和住房租赁有关税收政策的通知》,规定对廉租住房经营管理单位按照政府规定价格、向规定保障对象出租廉租住房的租金收入,免征营业税、房产税等。 6月,国税总局《财政部国家税务总局关于企业为个人购买房屋或其他财产征收个人所得税的批复》,明确企业为个人购买房需征收个人所得税。 10月22日,财政部、国家税务总局下发《关于调整房地产交易环节税收政策的通知》,规定从11月1日起首次购买90平方米及以下普通住房的,契税下调到1%,对个人销售或购买住房暂免征收印花税,对个人销售住房暂免征收土地增值税。 12月29日,财政部、国家税务总局下发《关于个人住房转让营业税政策的通知》,规定个人将购买不足2年的非普通住房对外销售的,全额征收营业税;个人将购买超过2年(含2年)的非普通住房或者不足2年的普通住房对外销售的,按照其销售收入减去购买房屋的价款后的差额征收营业税;个人将购买超过2年(含2年)的普通住房对外销售的,免征营业税。
2009	1月,财政部、国税总局联合下发的通知,个人购买超过两年(含两年)的普通住房对外销售的,免征营业税。 5月12日,国家税务总局发布《关于印发〈土地增值税清算管理规程〉的通知》,要求地方填报具体的房地产项目土地出让价发布,以及房屋售价等。 6月16日,财政部和国税总局下发《关于个人无偿受赠房屋有关个人所得税问题的通知》,规定除了直属亲属等三种情况外,其他无偿赠与房屋的情形将被征收20%的个人所得税。 11月22日,财政部、国家税务总局《关于房产税城镇土地使用税有关问题的通知》无租使用其他单位房产的应税单位和个人,依照房产余值代缴纳房产税。地下建筑用地暂按应征税款的50%征收城镇土地使用税。

续表

年份	政策内容
2009	11月26日,国税总局发布《关于个人转租房屋取得收入征收个人所得税问题的通知》,个人将承租房屋转租取得的租金收入,属于个人所得税应税所得,应按"财产租赁所得"项目计算缴纳个人所得税。 12月22日,财政部、国家税务总局发布《关于个人住房转让营业税政策的通知》,自2010年1月1日起,个人将购买不足5年的非普通住房对外销售的,全额征收营业税;个人将购买超过5年(含5年)的非普通住房或者不足5年的普通住房对外销售的,按照其销售收入减去购买房屋的价款后的差额征收营业税;个人将购买超过5年(含5年)的普通住房对外销售的,免征营业税。
2010	4月2日,财政部下发通知称,对两个或两个以上个人共同购买90平方米及以下普通住房,其中一人或多人已有购房记录的,该套房产的共同购买人均不适用首次购买普通住房的契税优惠政策。 5月19日,《国家税务总局关于土地增值税清算有关问题的通知》明确土地增值税清算的具体核算问题。 5月25日,《国家税务总局关于加强土地增值税征管工作的通知》要求加强土地增值税清算工作和征收管理工作。 9月27日,财政部国家税务总局发布《关于支持公共租赁住房建设和运营有关税收优惠政策的通知》,对公租房建设期间用地及公租房建成后占地免征城镇土地使用税;对公租房经营管理单位建造公租房涉及的印花税予以免征;对公租房经营管理单位购买住房作为公租房,免征契税、印花税;对企事业单位、社会团体以及其他组织转让旧房作为公租房房源,且增值额未超过扣除项目金额20%的,免征土地增值税;企事业单位、社会团体以及其他组织捐赠住房作为公租房,符合税收法律法规规定的,捐赠支出在年度利润总额12%以内的部分,准予在计算应纳税所得额时扣除;对经营公租房所取得的租金收入,免征营业税、房产税。 9月29日,财政部、国家税务总局、住房城乡建设部发布《关于调整房地产交易环节契税个人所得税优惠政策的通知》,对个人购买普通住房,且该住房属于家庭(成员范围包括购房人、配偶以及未成年子女,下同)唯一住房的,减半征收契税。对个人购买90平方米及以下普通住房,且该住房属于家庭唯一住房的,减按1%税率征收契税。 9月29日,财政部、国务税务总局、住房和城乡建设部联合发布《关于调整房地产交易换季契税个人所得税优惠政策的通知》,指出要调整住房交易换季的契税和个人所得税优惠政策。
2011	1月27日,财政部公布了《关于调整个人住房转让营业税政策的通知》,规定个人将购买不足5年的住房对外销售的,将全额征收营业税。 1月27日,上海和重庆正式实施房产税,深圳宣布成为第三个房产税试点城市。 8月31日,财政部国税总局发布通知称,在婚姻关系存续期间,房屋、土地权属由夫妻一方所有变更为夫妻双方共有的,免征契税,9月1日起执行。
2012	2月6日,财政部发布《关于切实做好2012年保障性安居工程财政资金安排等相关工作的通知》,提出拓宽资金来源渠道,创新财政支持方式,引导社会资金投资保障性安居工程;落实税费优惠政策,努力降低保障性安居工程成本。

续表

年份	政策内容
2013	3月2日,国务院发布《关于继续做好房地产市场调控工作的通知》即"新国五条",继续严格执行商品住房限购措施,同时进一步提高第二套住房贷款的首付款比例和贷款利率。对出售自有住房按规定应征收的个人所得税,通过税收征管、房屋登记等历史信息能核实房屋原值的,应依法严格按转让所得的20%计征。 6月20日,国家税务总局《关于进一步做好土地增值税征管工作的通知》土地增值税清算工作、严格审核扣除项目、减少核定征收项目等方面还需要进一步加强管理。
2014	1月17日,财政部、国家税务总局发布《关于夫妻之间房屋土地权属变更有关契税政策的通知》规定夫妻之间的房屋、土地权属"加名""减名""换名"和变更共有份额的,均享受免征契税优惠。 3月1日,发布《国务院办公厅关于继续做好房地产市场调控工作的通知》。对出售自有住房按规定应征收的个人所得税,通过税收征管、房屋登记等历史信息能核实房屋原值的,应依法严格按转让所得的20%计征。
2015	3月30日,财政部、国家税务总局共同发布《关于调整个人住房转让营业税政策的通知》,规定营业税免征期"5改2"、二套首付比例调整为不低于40%;使用公积金贷款购买首套,最低首付20%。 4月8日,国家税务总局《关于个人非货币性资产投资有关个人所得税征管问题的公告》按非货币性资产转让收入减除该资产原值及合理税费后的余额缴税。
2016	2月17日,财政部、国家税务总局、住房城乡建设部发布《关于调整房地产交易环节契税营业税优惠政策的通知》,对个人购买家庭住房(家庭成员范围包括购房人、配偶以及未成年子女,下同),面积为90平方米及以下的,减按1%的税率征收契税;面积为90平方米以上的,减按1.5%的税率征收契税。对个人购买家庭第二套改善性住房,面积为90平方米及以下的,减按1%的税率征收契税;面积为90平方米以上的,减按2%的税率征收契税。个人将购买不足2年的住房对外销售的,全额征收营业税;个人将购买2年以上(含2年)的住房对外销售的,免征营业税。 3月31日,《国家税务总局关于发布〈房地产开发企业销售自行开发的房地产项目增值税征收管理暂行办法〉的公告》自2016年5月1日起房地产业营业税改征增值税。 6月21日,财政部、国家税务总局发布《关于进一步明确全面推开营改增试点有关再保险、不动产租赁和非学历教育等政策的通知》,指出房地产开发企业中的一般纳税人,出租自行开发的房地产老项目,可以选择适用简易计税方法,按照5%的征收率计算应纳税额;房地产开发企业中的一般纳税人,出租其2016年5月1日后自行开发的与机构所在地不在同一县(市)的房地产项目,应按照3%预征率在不动产所在地预缴税款后,向机构所在地主管税务机关进行纳税申报;房地产开发企业中的小规模纳税人,出租自行开发的房地产项目,按照5%的征收率计算应纳税额。
2017	7月10日,财政部、国家税务总局下发《关于支持农村集体产权制度改革有关税收政策的通知》(以下简称《通知》),对农村集体产权制度改革涉及的契税、印花税政策进行免征、不征等优惠政策。

2.3.2 税收政策对房地产市场的作用机制分析

2.3.2.1 房地产税收调控政策对房地产价格的影响

通过对流转环节的税收起征点、免税期限、减免额度、税率等的调整,可以增加流转成本,从而抑制交易行为。

营业税的调控措施中我国较多使用的个人住房转让营业税减免的年限,由两年调节为五年,通过严格免税期限,抑制了短频的房地产交易行为,从而对房地产投机行为产生影响。但个人住房转让营业税政策调整在打击投机性需求的同时,也打击了二手房市场的供给方,使得供给和需求同时发生变化,在房地产市场呈上扬态势的情况下,短期内二手房供给量尤其是超过两年不满五年的情况的变化给房地产市场带来的影响可能会大于房地产需求变化所产生的影响,而一级市场也可能会减少新房的市场投放量,让成品房在更高的价位慢慢上市,以追求更高的利润。这个政策调整的效果应该说是有时滞的①。

个人所得税的调控措施一般体现为持有时限的要求,这对刚性需求购买者和投资需求购买者的收益价值没有直接影响,因为持有期限较长往往能够享受减免政策;而对做短期投机交易需求购买者的影响相对直接,因为住宅转让所得税直接降低了投机者预期通过不断套现实现的增值。通过降低对房地产交易增值的预期来影响房地产市场的需求。目前的研究多认为使用税收手段进行调控很难在短时间内见效。

2.3.2.2 税收政策对房地产市场资源配置效率的影响

房地产一级市场,第一是可以对土地保有环节征税,通过对保有环节征税会

---

① 程瑶. 房地产税收政策调控效果实证研究——基于江苏省的调研数据 [J]. 中央财经大学学报,2012(2):18-22.

增加持有土地的成本，抑制闲置土地的行为，同时可以减少土地持有者的预期收入。通过成本的增加和收入的减少降低持有土地的获利空间，从而可以有效打击土地囤积，提高土地利用效率，遏制土地投机。第二是实行针对不同行业和不同用途土地的差异化税收政策，以提高土地资源的配置效率。

房地产二级市场，第一是通过土地增值税和契税税率的调节来调节市场活跃程度、平衡市场供求关系的影响。第二是通过保障性住房等税收优惠政策，对供应商实行税收减免或补贴或对居民实行税收减免或补贴，提高房地产市场的公平效率。第三是通过歧视性税收政策可以调整普通商品住房、经济适用住房和廉租住房的房地产供应及豪华别墅和高档商品住房的供应数量，有利于解决住房供应结构和房地产市场的需求结构不对称的矛盾。

房地产三级市场，第一是可以在保有环节对房屋征收财产税，居民对持有的房屋需要按期缴纳税款，这会增加居民持有房屋的成本，对房地产投机行为来说会使其囤积房产的成本大幅度上升，从而有利于抑制投机性需求。第二是在交易环节，对增值税、个人所得税等进行调节。

2.4 行政手段

2.4.1 我国房地产市场调控的行政手段

行政手段又称行政调控，是指依靠行政机构采取带有强制性的命令、指示、规定和下达指示性任务等行政方法，按照行政系统来调节和管理经济，包括行政命令、行政指标、行政规章制度和条例等①。

---

① 应松年. 行政法学新编 [M]. 北京：中国方正出版社，1999.

我国房地产市场调控的行政手段主要有以下几类：第一类是通过行政审批措施的变化对房地产市场进行调节和控制，包括对新征用的建设用地和存量土地建设功能的行政审批，如预售许可、房屋拆迁政策、规范房地产市场交易秩序、房屋买卖合同、《物权法》、小产权房、房屋登记办法等政策法规变化。第二类是保障房措施，主要是指廉租房、经济适用房、公租房、住房补贴、保障性安居工程等国家出台的相关政策[①]。第三类是直接性干预市场政策，主要指限价、限售、限购、中低价房供给等。

2004年5月13日，建设部、国家发展和改革委员会、国土资源部、中国人民银行联合发布《经济适用住房管理办法》正式施行，规定经济适用住房的面积将严格控制以中小套型为主，中套面积在80平方米左右，小套面积在60平方米左右。

2005年3月，国务院出台《国务院办公厅关于切实稳定住房价格的通知》即"国八条"，调控上升到政治高度，稳定房价。5月，出台《稳定住房价格工作意见》继续强化调控力度，"新国八条"发布，细则出台。政府和市场的关系重新在房地产市场中进行了界定。

2006年5月24日，国务院出台《关于调整住房供应结构稳定住房价格的意见》即"国六条"。5月29日，国务院办公厅出台《关于调整住房供应结构稳定住房价格的意见》即"国十五条"，提出限制套型90/70政策，个人住房按揭贷款首付款比例不得低于30%。7月6日，建设部下发《关于进一步整顿规范房地产交易秩序通知》要求发展商取得预售许可证后，应当在10日内开始销售商品房，未取得预售许可证项目，不得发布相关项目预售广告。7月11日，建设部下发《关于规范房地产市场外资准入和管理的意见》即"外资限炒令"，加强了对外商投资企业房地产开发经营和境外机构和个人的管理。8月30日，建设部出台《城镇租房工作规范化管理实施办法》，加强城镇租房制度建设，各大城镇

---

① 王博永，杨欣. 基于网络搜索的房地产政策调控效果研究［J］. 管理评论，2014，26（9）：78-88.

廉租住房管理。

2007年3月16日《物权法》通过,自2007年10月1日起执行。6月初,商务部、国家外汇局发布《关于进一步加强、规范外商直接投资房地产业审批和监管通知》,要求各地商务主管部门严格控制外商投资高档房地产。8月13日,国务院发布《国务院关于解决城市低收入家庭住房困难的若干意见》,回归保障、健全租房住房制度。12月1日,国家发改委和商务部联合发布《外商投资产业指导目录》,规定将继续限制外商投资于高档宾馆、别墅、高档写字楼和国际会展中心的建设、经营,外商投资土地成片开发则必须与内资企业合资、合作;并新增对外商投资房地产二级市场交易及房地产中介或经纪公司的限制。如表2-4所示。

表2-4 2008~2017年房地产市场相关主要行政措施汇总

年份	政策内容
2008	3月,国家税务总局下发《关于廉租住房、经济适用住房和住房租赁有关税收政策的通知》,规定对廉租住房经营管理单位按照政府规定价格、向规定保障对象出租廉租住房的租金收入,免征营业税、房产税等。 3月,建设部发布《住房建设规划与住房假设年度计划制定工作的指导意见》,指出新审批、新开工的商品住房,套型建筑面积90平方米以下住房(含经济适用住房)面积所占比重,必须达到开发总面积的70%以上。 3月,住房和城乡建设部下发《关于加强廉租住房质量管理通知》,指出要严格建设程序,加强建设管理,确保工程质量。 8月,三部委联合印发《2008年廉租住房工作计划》,提出2008年底前,所有县城及以上城市都要根据国务院规定,对低保家庭中的住房困难户做到应保尽保,有条件的地区要逐步扩大保障范围。 12月7日,国务院下发《关于促进房地产市场健康发展的意见》即"国十三条",规定对已贷款购买一套住房,但人均住房面积低于当地平均水平,再申请贷款购买第二套用于改善居住条件的普通自住房的居民,可比照执行首次贷款购买普通自住房的优惠政策。
2009	1月,监察部、住房和城乡建设部联合发出《关于加强建设用地容积率管理和监督检查的通知》,要求加强建设用地容积率管理和监督检查。 5月27日,国务院公布了固定资产投资项目资本金比例的调整结果,普通商品住房项目投资的最低资本金比例从35%调低至20%。

续表

年份	政策内容
2009	10月1日，新修订的《保险法》正式实施，明确保险资金"可投资不动产"。保险机构投资不动产主要是购买办公用房、投资廉租房、养老实体和商业物业等，保险机构不直接参与房地产开发，不允许进行房地产的炒作。 10月16日，住房和城乡建设部、财政部、发展和改革委员会、中国人民银行、监察部、审计署、银监会七部门日前联合印发《关于利用住房公积金贷款支持保障性住房建设试点工作的实施意见》，按照利用住房公积金闲置资金支持保障性住房建设的试点工作正式启动。 12月14日，"国四条"促进房地产健康发展提出增加供给、一致投机、加强监管、推荐保障房建设四大举措。
2010	1月10日，国务院办公厅《关于促进房地产市场平稳健康发展的通知》即"国十条"，严格二套房贷款管理，首付不得低于40%；加强监控跨境投融资活动，防境外"热钱"冲击中国市场。 3月18日，国资委要求，78家不以房地产为主业的中央企业加快调整重组，在完成自有土地开发和已实施项目后要退出房地产业务。 4月19日，住房城乡建设部发出《关于进一步加强房地产市场监管完善商品住房预售制度有关问题的通知》，要求商品住房严格实行购房实名制，认购后不得擅自更改购房者姓名；未获预售许可证开发商不得收取定金。 4月30日，北京市政府发布《北京市人民政府贯彻落实国务院关于坚决遏制部分城市房价过快上涨文件的通知》，即日起暂定同一购房家庭只能在北京市新购买一套商品住房。 6月12日，住房和城乡建设部等七部门下发《关于加快发展公共租赁住房的指导意见》，加快发展公租房。 11月15日，外汇局发布《关于进一步规范境外机构和个人购房管理的通知》即"限外令"规定，境外个人在境内只能购买一套用于自住的住房；在境内设立分支、代表机构的境外机构只能在注册城市购买办公所需的非住宅房屋。
2011	1月26日，国务院发布《国务院办公厅关于进一步做好房地产市场调控工作的有关问题的通知》即"新国八条"，继续差别化信贷政策。 3月16日，发展和改革委员会发布《商品房销售明码标价规定的通知》，规定从5月1日起，商品房销售必须明码标价。 5月10日，住房和城乡建设部下发《关于公开城镇保障性安居工程建设信息的通知》，要求各地在下发文件后的20个工作日内公布保障房建设计划、开工和竣工相关信息。 5月11日，住房和城乡建设部、发改委联合发布《关于加强房地产经纪管理进一步规范房地产交易秩序的通知》。 7月11日，国家发改委和住建部联合发布《关于加强房地产经纪管理进一步规范房地产交易秩序的通知》，指出加强房地产经纪机构和经纪人员管理；加强商品房销售行为监管；要求各地价格部门要于今年11月底前，将开展专项整治工作的有关情况以及典型案例上报住建部、国家发改委。 7月12日，国务院常务会议提出了下个阶段调控的5个方向，即"国五条"，要求继续执行差别化信贷政策，从严把握和执行房价控制目标，限购范围扩大。

续表

年份	政策内容
2012	2月1日，发改委发布《关于境内外资银行申请2012年度中长期外债规模有关问题的通知》，规定对于提供给外籍人士的个人按揭贷款的外债需求，不予安排中长期的外债额度。 2月20日，发改委《关于发展改革系统要继续加大工作力度切实做好2012年保障性安居工程建设工作的通知》，指出要创新融资机制，充分发挥地方政府融资平台作用，通过直接和间接融资多渠道筹集保障性安居工程建设资金，鼓励引导社会力量参与建设保障性住房及配套设施。 3月14日，住房和城乡建设部《关于做好2012年城镇保障性安居工程工作的通知》，（一）积极落实建设项目，加快项目建设进度；（二）加大基础设施投入，加强质量安全管理；（三）拓宽资金来源渠道，做好建设资金安排；（四）建立健全监管机制，加强分配和运营管理；（五）做好信息公开工作，主动接受社会监督；（六）强化部门协调配合，做好统计管理工作；（七）完善相关工作机制，抓好组织实施工作。 3月26日，住房和城乡建设部发布《建设用地容积率管理办法》，规定地方出让国有建设用地必须有容积率条件，否则合同无效。 6月18日，国土资源部、发展和改革委员会日前联合印发《限制用地项目目录》和《禁止用地项目目录（2012年本）》。两目录自发布之日起实施，别墅类房地产项目首次列入目录。
2013	1月5日，财政部印发《关于做好2013年城镇保障性安居工程财政资金筹措等相关工作的通知》，通知指出，将采取投资补助或贷款贴息方式支持企业参与公共租赁住房建设运营管理；继续落实好城镇保障性安居工程建设和运营管理涉及的行政事业性收费、政府性基金（含土地出让收入）与相关税收减免政策，切实减轻城镇保障性安居工程建设和运营管理费用。 3月2日，国务院发布《关于继续做好房地产市场调控工作的通知》即"新国五条"，继续严格执行商品住房限购措施，同时进一步提高第二套住房贷款的首付款比例和贷款利率。 10~12月，各地方出台调控措施，主要内容均为收紧限购政策及加大土地供应。 11月22日，国土部和住建部联合发布《关于坚决遏制违法建设、销售"小产权房"的紧急通知》，要求各地坚决遏制最近一些地方出现的违法建设、违法销售"小产权房"问题。 2013年12月6日，住房和城乡建设部、财政部、国家发展和改革委员会公布《关于公共租赁住房和廉租住房并轨运行的通知》。从2014年起，各地公租房和廉租房并轨统称为公共租赁住房，统一轮候配租、统一申请标准、统一租金补贴。已建成并分配入住的廉租房统一纳入公租房管理，其租金水平仍按原有租金标准执行。已建成未分配的公租房，优先保证廉租房申请轮候者分配。
2014	4月起，全国层面限购开始松动。 12月22日，国务院《不动产登记暂行条例》出台，2015年3月1日正式实施。
2015	1月14日，住房和城乡建设部发布《关于加快培育和发展住房租赁市场的指导意见》，明确提出多管齐下发展住房租赁市场，鼓励REITs试点，多来源增加住房租赁市场资金供给。 2月15日，《关于全面深化公安改革若干重大问题的框架意见》正式提出要取消暂住证制度，全面实施居住证制度。建立健全与居住年限等条件相挂钩的基本公共服务提供机制。以户籍制度改革带动住房消费。各地取消限购。 8月19日，中央六部委联合公布《住建部等部门关于调整房地产市场外资准入和管理有关政策的通知》，对2006年中央出台的《关于规范房地产市场外资准入和管理的意见》中有关外商投资房地产企业和境外机构、个人购房的部分政策进行调整，取消对境外个人在国内购买住房的限制条件。多个省份全面取消限购。

第 2 章 中国房地产市场调控政策及作用机制分析

续表

年份	政策内容
2016	2月22日,《中共中央国务院关于进一步加强城市规划建设管理工作的若干意见》提出:"我国新建住宅要推广街区制,原则上不再建设封闭住宅小区,已建成的住宅小区和单位大院要逐步打开,实现内部道路公共化,解决交通路网布局问题,促进土地节约利用。" 2016年3月底,上海、深圳等四城市出台调控政策。 6月3日,国务院发布《关于加快培育和发展住房租赁市场的若干意见》,支持住房租赁消费,促进住房租赁市场健康发展。 7月起,合肥、厦门、南京、苏州等热点城市陆续出台政策,包括调整住房信贷、提高社保门槛等。 8月16日,住房和城乡建设部、国家发展和改革委员会、工业和信息化部、中国人民银行、税务总局、工商总局、银监会七部门联合召开新闻发布会,共同解读了七部门此前联合印发的《关于加强房地产中介管理促进行业健康发展的意见》。 2016年9月,核心二线城市陆续出台限购政策。 9月30日起,21个城市出台调控政策。 11月8日,住房城乡建设部网站刊发由国家发展和改革委员会办公厅和住房城乡建设部办公厅联合发布的《关于开展商品房销售明码标价专项检查的通知》。从2016年11月10日至12月10日在全国范围内开展商品房销售明码标价专项检查,检查对象为房地产开发企业和房地产中介机构,对房地产开发企业在售楼盘和房地产中介机构门店明码标价情况进行检查。
2017	1月14日,住房和城乡建设部、财政部联合印发《关于做好城镇住房保障家庭租赁补贴工作的指导意见》提出,各地要合理确定租赁补贴面积标准,原则上住房保障家庭应租住中小户型住房,户均租赁补贴面积不超过60平方米。 3月28日,福州、厦门、杭州等六城市相继推出房地产市场调控新政。4月23日多地密集出台楼市秩序整治政策,全国已有超过45个城市发布140余次调控政策,行政性整治、限购、限贷、限卖等调控新政被普遍使用。 7月20日,住房和城乡建设部会同国家发展和改革委员会、公安部、财政部、国土资源部、中国人民银行、税务总局、工商总局、证监会八部门联合印发《关于在人口净流入的大中城市加快发展住房租赁市场的通知》,提出将采取多种措施加快推进租赁住房建设,培育和发展住房租赁市场。 9月23日,重庆、南昌、南宁、长沙等城先后发布楼市限售新政。

2.4.2 行政手段对房地产市场的作用机制分析

2.4.2.1 通过行政手段影响房地产市场的供给

通过控制(增加或减少)土地供应(总量、结构和时序)、规划限制非普通住房开发、增加普通住房供给比例、提高开发项目预售许可的标准、规制(或放松规制）银行对开发企业的贷款、加强对开发商土地出让金中自有资金的审查、禁止非房地产主业的国有企业参与商业土地开发和经营、规制外商投资、财政投入保障房建设和减免土地出让金、要求国有房地产企业参与保障房建设来调整住房市场的供给。其中，建设用地的供给特别是普通住房用地的供给是地方人民政府作为土地所有权人代表干预住房市场最直接的手段，对土地的具体用途、容积率等规划指标的调整直接影响住房市场中满足不同类型住房的供给数量①。

2.4.2.2 通过行政手段影响房地产市场的需求

保障房政策是相对比较温和的对于房地产市场的行政干预手段，政府可以出台关于保障性住房供应量要求的相关政策，通过增加保障房的市场供给会消化掉一部分房地产市场的刚性需求，从而对于普通商品房市场的需求产生影响。

限购是直接干预市场需求量的政策，也是国家宏观房地产调控政策中最直接、最严厉的对于房地产市场需求进行调控的手段。通过限制购买，强行抑制房地产的需求，减少了房地产市场的需求量从而对房价产生影响。

2.4.2.3 通过行政手段直接干预房地产市场的价格

保障房政策中关于价格的相关政策是相对比较温和的干预房地产价格的行为。通过对于保障房数量和价格的影响，可以为房地产市场提供价格较低的房源，解决低收入群体对住房的刚性需求。

一些政府调控政策会对商品房价格上涨比例以及土地竞拍的最高价格进行限制，这是间接但强硬的对房地产市场进行干预的行政措施。

限价则是要求房地产开发企业的销售行为和居民的购买行为必须按照规定的住房价格进行适当调整，从而抑制房价上涨。但这种手段是对市场交易机制的扭曲，只在极个别的、其他调控手段都无法实现平抑房价、稳定房地产市场的情形下才能运用。

---

① 凌维慈. 规制抑或调控：我国房地产市场的国家干预[J]. 华东政法大学学报, 2017 (1)：35-45.

第❸章
中国房地产市场发展水平的评价指标体系研究

3.1 房地产市场发展水平的内涵

房地产是指土地及附着于土地上或附属于土地以及法律规定不可移动的所有建筑物。房地产的所有者拥有一系列权力，如使用权、占有权、排他权和处置权。因此，房地产就是土地及其改进物，以及与土地及其改进物的所有相联系的各种权力[①]。

对于市场的理解，产业经济学中一般将其理解为是指同一产品（服务）或相近替代品买卖关系的总和。市场一般由需求条件来定义，即消费者的选择范围。可替代性是界定市场范围的关键，一般使用需求的交叉弹性来确定市场的边界。但是在现实经济生活中，由于收集计算需求的交叉弹性所需要的数据难度较大，因此这个指标有理论意义，但是实用价值不大。因此在产业经济研究中，市场与产业的边界基本一致。

我国《国民经济行业分类》（GB-4754-2011）将房地产业涵盖的经济活动细化为房地产开发经营、房地产中介服务、物业管理、自有房地产经营活动和其

---

① 丹尼斯·J. 麦肯齐等. 房地产经济学 [M]. 北京：经济科学出版社，2003.

他房地产业活动。因此可以将房地产市场理解为房地产开发经营、房地产中介服务、物业管理、自有房地产经营活动和其他房地产业活动的买卖关系的总和。

发展水平常用来表示社会经济现象在某一特定时期所达到的规模和发展的程度，既包含数量的概念又包含质量的概念。郭熙保、周军（2007）认为，对于发展水平的度量需要依靠一套由多指标综合在一起的指标体系①。

房地产市场发展水平是一个抽象且涉及面较广的概念，我国学者大多通过构建评价指标体系，运用不同的综合评价方法，来实现对于房地产市场发展水平的度量②。

杨文武（2003）对中国房地产业评价指标体系进行了研究，从产业外部功能、房地产开发、房地产市场、行政管理、服务、直管公房和物业管理等建立了指标体系。其中，房地产市场指标包括土地市场指标体系和商品房市场指标体系③。

沈亚婷（2007）对兰州房地产市场发展情况进行评价和分析中使用了房地产业与社会经济发展协调性（包括房地产开发投资额与全社会固定资产投资额之比、房地产开发投资与GDP之比）、房地产市场的均衡程度（包括商品房新开工面积与施工面积之比、商品房施工面积与竣工面积之比）和房地产市场景气程度（商品房销售额与投资额之比、商品房销售面积与竣工面积之比）三类指标④。

尚国珅等（2008）应用主成分分析和聚类分析法对河北省11个城市的房地产市场发展水平进行了评价，并将11个城市划分为四类。使用的指标体系包括三类指标：房地产开发投资及建设指标（包括完成投资额、资金来源、施工房屋面积、竣工房屋面积）、房地产销售指标（包括商品房屋销售面积、商品房销售额、商品房平均售价）、房地产开发企业指标（开发企业个数、开发企业从业人

---

① 郭熙保，周军. 发展经济学［M］. 北京：中国金融出版社，2007.
② 郭清霞. 中部六省省会城市房地产业发展水平研究［D］. 山西财经大学硕士学位论文，2017.
③ 杨文武. 中国房地产业指标体系建立的理论分析与实证研究［D］. 四川大学硕士学位论文，2003.
④ 沈亚婷. 兰州房地产市场的评价分析与发展研究［D］. 西安建筑科技大学硕士学位论文，2007.

数、房地产开发主营业务收入、利润总额)[①]。

刘广平等（2010）将房价收入比、房地产价格增长率/GDP增长率、居民平均每人全年住房消费支出/人均可支配收入和空置率作为对房地产发展情况进行比较的指标，运用信息熵确定指标权重，利用TOPSIS方法进行决策评价，建立了房地产市场发展状况比较模型；并对北京、上海、广州和重庆四个城市的房地产市场发展状况进行比较分析[②]。

冯玉冰（2012）构建了房地产经济发展水平指标体系，包括开发投资状况、建设状况、商品房销售状况、企业经营状况、产业规模状况五个方面，并选取本年完成投资额、本年资金来源、本年土地成交价款、施工面积、竣工面积、新开工面积、商品房平均销售价格、实际销售额、主营业务收入、利润总额、开发企业个数、从业人数等指标，运用因子分析和聚类分析方法进行了实证分析[③]。

王雪青、陈媛等（2014）对中国房地产经济发展水平的相关研究进行了系统梳理，提出了房地产开发和建设指标（包括完成投资额、资金来源、施工房屋面积、竣工房屋面积）、房地产销售指标（包括商品房屋销售面积、销售额、平均售价）和房地产开发企业指标（房地产开发企业个数、房地产业从业人数、房地产开发主营业务收入、利润总额）的评价指标体系[④]。

夏春光、张英佳等（2014）以房产投资、房产建设、房企情况、房企土地购置、房产销售作为五个一级指标，并选取了20个二级指标，构建了我国各省房产开发综合评价体系，运用熵值法对我国31个省及直辖市（中国香港、澳门与台湾除外）在1998年、2003年、2008年和2011年4个时间断面的房地产开发

[①] 尚国琲，李成刚等. 河北省房地产经济发展水平评价研究 [J]. 石家庄经济学院学报，2008 (10)：33－36.

[②] 刘广平，陈立文. 房地产市场发展状况比较研究 [J]. 未来与发展，2010 (3)：93－96.

[③] 冯玉冰. 基于因子和聚类分析的我国房地产经济发展水平评价 [J]. 市场研究，2012 (12)：29－34.

[④] 王雪青，陈媛等. 中国区域房地产经济发展水平空间统计分析——全局 Moran's I、Moran 散点图与 LISA 集聚图的组合研究 [J]. 数理统计与管理，2014，1 (33)：59－71.

和时空差异变化进行了分析①。

何凤琴（2016）采用聚类分析和主成分分析方法对江西省房地产市场发育情况的地区差异性进行了研究，选择房地产投资弹性系数、房地产开发投资占国内生产总值比重、SH 住宅投资占总产出中的百分比、房地产开发投资额、房地产开发投资占固定资产投资比重、人均房地产开发投资额、商品房销售面积、商品房销售均价、人均房屋竣工面积、商品房销售竣工比、住宅销售面积占商品房销售面积比重、90 平方米及以下住房销售面积（平方米）占商品房销售面积比重、商业营业用房销售面积占商品房销售面积比重、房地产开发资金国内贷款来源占房地产开发总来源比重、自筹资金占房地产开发资金总来源比重 15 个指标，构建了评价指标体系。这 15 个指标体现了房地产市场成熟度、房地产市场规模、房地产供需状况、房地产市场结构、房地产信贷规模五个方面的相应信息②。

国务院第三次经济普查"对我国房地产市场发展的分析与思考"课题组（2016）将房地产市场评价指标体系分为规模层、投资层、价格层和结构层四个方面。规模层的基本指标包括房地产开发企业资产总计、房地产开发企业利润总额、商品房销售面积、商品房销售额；投资层的基本指标包括本年完成投资额、房屋施工面积、房屋新开工面积、房屋竣工面积；价格层的基本指标包括商品房平均销售价格、单位建筑面积造价、住宅平均销售价格；结构层指标包括房地产企业杠杆率、房屋建筑面积竣工率、商品房待售面积、非住宅新开工面积比率等③。

张淑君（2017）对安徽省房地产业的可持续发展状况进行了评价，指标体系划分成三个方面，分别为发展度、协调度和危机度。发展度指标是判断安徽省房地产业是否属于健康发展状况的主要特征。具体选取指标包括城镇居民人均住房

---

① 夏春光，张英佳，李雪铭. 省域房地产开发综合评价与时空差异研究［J］. 商业时代，2014（17）：130 – 132.
② 何凤琴. 江西省房地产市场发育地区差异性研究［D］. 华东理工大学硕士学位论文，2016.
③ "对我国房地产市场发展的分析与思考"课题组. 我国大中城市房地产市场发展水平评价［J］. 调研世界，2016（1）：11 – 14.

建筑面积、房地产投资额、房屋施工面积、商品房销售面积、房地产业投资额/GDP。协调度指标是用来衡量安徽省房地产业是否与经济社会发展相协调,能否维持环境与发展、效率与公平以及当代与后代利益分配之间平衡等方面。具体选取指标有房价收入比、住宅销售面积/房屋销售面积、办公楼销售面积/房屋销售面积、商业营业用房销售面积/房屋销售面积、房地产投资增速/商品房销售增速。危机度指标是根据可持续发展思想的内涵,建立在保护生态环境的基础上,其指标是为了防止安徽省房地产业的发展速度过快产生的不合理因素或不利于促进和谐社会的发展。具体指标包括商品房空置面积、商品房销售额/房地产开发投资额、住房租金价格指数/居民消费价格指数、恩格尔系数。在该指标体系基础上,运用主成分分析法对发展度、协调度、危机度三个指数分别进行分析,在确定综合指数权重阶段,利用熵值法确定其权重,进而得到综合指数分析结果①。

可以看到,现有的研究中对房地产市场发展水平的理解并没有形成一致的观点,只是以某个角度为出发点,选取了相应的指标,相应的指标体系只是体现了房地产市场发展水平的某个方面,因此评价结果也只能反映其片面的状况。在已经构建的指标体系中,绝大多数研究是从房地产开发的投入、房地产销售和房地产企业的情况等方面进行分析,其实质是房地产市场卖方的投入产出的效率分析,并没有考虑到房地产市场的发育状况与市场行为的健康状况。也有部分学者,如沈亚婷、张淑君等(2017)的研究中考虑了房地产市场发展与社会发展的协调程度,但是对市场的结构与市场的绩效方面考虑不多。此外,还有一些研究提出了几项具体的指标但是并没有完整的指标体系或只有相对粗糙的框架分析,容易在逻辑上出现遗漏或重复的指标设计。

本书认为,我国经历了计划经济向市场经济转轨发展的过程,至今仍然有较多的调控政策对房地产市场的运行进行干预。虽然中国的房地产市场已经初步实现,房地产市场深化程度的地区发展也极不平衡。这种不平衡也将导致房地产市

---

① 张淑君. 基于主成分分析法的安徽省房地产业可持续发展综合评价研究[D]. 安徽建筑大学硕士学位论文, 2017.

场秩序混乱、市场结构失衡和寻租等腐败现象的滋生,会造成一定程度的市场交易主体之间的不公平。因此,对我国房地产市场发展水平的理解,首先应该包括的是市场化的程度。

另外,对房地产市场发展水平的理解应该反映市场的运行情况。关于房地产市场运行状况可以从以下三个维度展开:

(1) 时间维度。对于房地产市场发展水平的理解不应该是静态的,而应该是用发展的视角去分析,因此房地产市场发展水平的内涵既应包括反映房地产市场发展的现状,又应包括对于房地产市场的发展潜力进行预判。

(2) 结构维度。对于房地产市场发展水平的理解可以从市场结构、市场行为、市场绩效等多个方面展开,综合考量房地产市场的有效性和健康性。

(3) 空间维度。由于房地产的异质性,不存在标准化产品;同时,各地区房地产市场发展差异性较大,因此从严格意义上讲,并不存在一个全国统一的房地产市场,只存在区域房地产市场①。因此,对房地产市场发展水平的衡量应该建立在区域分析的基础上。

3.1.1 市场成熟程度

陈宗胜(1999)提出,市场化就是市场机制在一个经济中对资源配置发挥的作用持续地增大,经济对市场机制的依赖程度不断加深和增强,市场机制从逐步产生、发展到成熟的演变过程②。市场成熟程度可以认为是市场参与者用于描述市场的发展阶段或市场化程度的概念,其主要用于研究特定市场的发展程度,理解市场怎样形成、演进及未来的表现,帮助决策者决定如何在特定的阶段投放特定的产品。通过对市场成熟程度的研究,了解市场阶段性演进的特征和表现,有

---

① 曹振良,傅十和. 中国房地产市场化测度研究 [J]. 中国房地产,1998 (7): 13 – 22.
② 陈宗胜. 中国经济体制市场化进程研究 [M]. 上海:上海人民出版社,1999.

助于解释目前市场上产品使用、投资决策行为以及未来可能出现的市场活动等[①]。

新中国成立以后的一段时间里,中国房地产并不具有商品属性,而是实行计划经济体制内的福利分房制度和土地行政划拨制度。20世纪70年代,中国开始逐步进行房地产市场化改革,中国的房地产也开始逐步走向市场化道路。目前,我国房地产市场基本实现了市场化,但是地区房地产市场的成熟程度仍然具有明显的差异性,考察房地产市场深化程度的区域差异与发展水平,并在此基础上探讨房地产市场的健康有序发展将更有利于从根源上解决其发展中的问题。

对市场化程度的衡量的研究包括一般市场化程度的研究和房地产市场化程度的研究,樊纲等(2003)对中国各地区市场化进程的研究是从政府与市场的关系、非国有经济的发展、产品市场的发育程度、要素市场的发育程度、市场中介组织发育和法律制度环境五个方面对市场化程度进行衡量,这个基本思路用于房地产市场化程度的分析同样较为合理,但23个分指标对房地产市场的市场化程度并不完全适用,需要结合房地产市场的行业特点加以考虑,因此,本书将在其研究的基础上,结合房地产业的特征,选取更适合的指标对房地产业的市场化程度进行衡量。

3.1.1.1 房地产产品市场

房地产市场的主要产品是指土地及附着于土地上或附属于土地以及法律规定不可移动的所有建筑物。由于在我国土地国有化,因此,实际意义上的房地产产品是附着于土地上或附属于土地以及法律规定不可移动的所有建筑物及其附属权利。

房地产产品市场按生产过程可以划分为开发和消费两部分。我国《城市房地产管理法》第2条对房地产开发下的定义是指"在依据本法取得国有土地使用权的土地上进行基础建设、房屋建设的行为"。房地产消费市场主要是指商品房市

---

① 张传勇,丁祖昱,段芳. 城市化、房地产市场成熟度与投资前景研究[J]. 经济体制改革,2014(6):62-66.

场，商品房是"房屋"概念中与非商品房相对应的一种类型划分，指房地产开发经营企业开发、建成后的用于出售或出租的房屋（包括住宅用房和商业用房等），其主要特征首先在于"商品房"是房地产开发公司以盈利为目的建造；其次，经房地产有关主管部门批准于市场自由出售；最后，它具有商品的全部属性，并在法律上具有完整的所有权。

房地产产品市场按照产品的转移方式可以分为房产的买卖市场和租赁市场。房产买卖市场是指出售房产者（房地产公司、售房个人等）和购房者通过买卖转移房产（主要包括居住房产、写字楼房产、商业房产等）的产权的市场，其主要特点是房产全部产权的转移。房产租赁市场是出租房产者和租房者通过租赁方式转移房产的部分产权的市场，其特点是房产部分产权转移，即产权出现分离，房产的所有权仍掌握在出租者手中，而房产在租期内的使用权归租房者所有。

房地产产品的市场可以根据用途分为住宅和非住宅市场。非住宅市场包括商业建筑市场、写字楼市场和工业建筑市场等。它也可以根据房地产等级细分。例如，住宅市场可细分为普通住宅市场、高端住宅市场和别墅市场等。

房地产产品市场的市场化程度的衡量可以从两个角度展开：一是供求关系市场化及均衡的程度，即分别从供求角度分析市场化的深度；二是价格由市场决定的程度，即政府指令性价格和指导性价格是否还存在、比例是否还相对较高。

3.1.1.2 房地产要素市场

房地产业的主要生产要素包括土地、资金、人、技术、原材料等，因此房地产要素市场主要包括：

（1）土地市场。土地市场是指土地作为最基本的生产要素，在土地产权流动中所发生的土地供求双方关系以及整个产权交易领域的各种活动及经济关系的总和。我国的城市土地市场主要包括土地一级市场和土地二、三级市场。

土地一级市场是指国家对城市土地使用权进行有偿转让的场所，所以城市地产一级市场具有明显的垄断性。在该市场中，国家委托各级政府将特定区域土地的使用权通过招标、协议以及拍卖等形式转让给受让者,受让者支付转让年限内土地使用权的费用。

土地二级市场也就是城市土地再转让市场,是指土地使用权受让主体通过转让、租赁、抵押等方式将城市土地使用权再转让给其他土地需求者。城市地产二级市场是一级市场的延续,它反映了一级市场的需求状况和供求关系,是实现土地资源优化配置的一种手段。二级市场中使用权的转移可能是多轮次的,可称为三级市场①。

土地市场成熟度是对土地市场发育程度、所处阶段和运行效率的判断,包括以下几点:

首先是土地资源配置的市场化程度。土地资源的配置方式主要包括非市场、准市场和市场化配置。行政划拨是一种非市场化的配置方式,其特征在于根据行政管理的需要进行土地的分配,没有补偿、没有限期和没有流动性。协议是准市场化的土地资源分配方法,这种方法是有偿的,但交易双方实质上对双边市场垄断,缺乏市场应有的公平、公开、透明的要素。公开转让是市场化的土地资源分配方式,其基本特征是基于土地价值和供求关系,通过竞争有偿获得有限期的土地使用权,并允许土地使用权的流转。通过市场配置土地资源的比例越高,土地市场的成熟度越高。

其次是土地市场供给与需求的平衡程度。城市土地的需求逐年增加,但土地的自然供给无弹性,土地市场总体上是供不应求。然而,由于国家对于土地具有垄断性,可以通过加大土地集约利用、调整土地利用结构、扩大城市土地面积等手段,使土地的供给具有一定的灵活性,使土地市场达到局部均衡。如何解决在土地市场供给与需求之间的矛盾已成为测试市场机制是否完善的重要标志之一。

最后是土地市场的价格敏感度。完善价格形成机制能够准确反映土地市场的供求关系,并迅速而完全传递信息,使交易能够顺利进行。因此,土地价格是否能灵敏地反映供求关系的变化、价格机制能否充分发挥作用是衡量土地市场成熟

---

① 李娟,吴群等.土地市场成熟度及其量度体系研究[J].中国土地,2006(11):12-14.

度的重要方面。

（2）房地产金融市场。房地产行业是一个高投入、高产出、高风险的资金密集型行业，对金融资本高度依赖。房地产金融市场一般指在涉及土地和房屋建筑物开发、建造、消费等一系列环节中，资金供给方与需求方所具有的所有形式金融活动的总称①。目前，中国的房地产金融市场仍处于起步阶段，而尚未形成完善的、多层次的市场体系。中国目前的房地产金融体系是由一级市场为主，二级市场尚未真正地建立起来。其中，一级市场是由商业银行主导，而单一的房地产金融市场格局已经导致了大量潜在的房地产金融风险出现②。

目前我国学者对于金融市场成熟度的研究所使用的指标主要是从金融总量、金融结构、金融效率等方面对区域金融市场进行评价，所使用的指标主要是区域内金融行业自身发展情况，不能与房地产市场有效结合。林睿、董纪昌（2015）基于SVAR模型构建了中国房地产金融条件指数，来评估我国房地产金融体系运行状况并将我国房地产金融体系的发展分为四个阶段，但其指数侧重于我国房地产金融调控对于房地产市场的影响，并不能体现房地产金融市场本身的成熟程度。国内学者或相关机构尚未专门对中国房地产金融市场的运作建立科学有效的评价指标体系。

通过分析可知，我国房地产金融市场在发展过程中主要存在以下问题：第一，房地产企业可融资渠道较为单一。中国房地产市场的金融服务组织不发达，金融产品品种比较少，除了商业银行贷款，房地产金融产品如证券、信托、基金和债券的发展相对滞后，尤其是房地产信贷资产证券化严重滞后，在各种融资方式中，商业银行提供的信贷资金是房地产企业资金的主要来源。第二，房地产两级金融市场发展不平衡，中国的房地产金融市场是由一级市场为主。虽然二级市场有所发展，但市场容量非常小。一级市场缺乏市场信用和欠发达的二级市场无

---

① 郭连强，刘力臻，祝国平. 我国房地产金融创新面临的突出问题与对策 [J]. 经济纵横，2015（3）：103 – 108.
② 林睿，董纪昌. 基于SVAR模型的中国房地产金融条件指数：构建与分析 [J]. 投资研究，2015（4）：114 – 128.

法满足投资和消费对房地产金融的需求①。

因此对于房地产金融市场成熟度的评价,首先应该考虑供给和需求的均衡度,看金融市场是否能够满足房地产市场的需求;其次应该考虑房地产金融市场的价格是否能够反映金融市场的供求关系;最后应该考虑金融产品的创新程度。

(3) 房地产人才市场。广义上房地产人才市场应该包括提供房地产产品生产和销售所需人力资源的市场,包括房地产开发、勘察设计、施工、销售、项目管理等人才。但是由于在实践中绝大多数房地产项目是房地产开发企业以合同的方式与勘察、设计、施工等单位建立合作关系,因此狭义上的房地产人才市场主要是指房地产开发和销售环节所需人力资源。由于互联网的蓬勃兴起,人才市场已经发展成为实际场地人才市场、网上人才市场、校园招聘人才市场等多种形式。由于互联网显而易见的便捷性,我国目前的房地产实际场地人才市场较少,大部分是以网上人才市场和校园招聘人才市场等形式存在。

我国房地产人才市场或平台的建设经历了从无到有的逐步发展过程。1994年,住房城乡建设部人力资源开发中心成立,1998年获得人才市场中介服务许可证,成为我国最早的一批国家级建筑及房地产专业人才服务中心。1997年,上海市住房保障和房屋管理局人才考核评价中心成立,是上海市人才中介协会首批常务理事单位。这可以看作我国建设和房地产行业专业领域人力资源平台的形成阶段。2003年,建设部、人事部、社会保障部等部位相继出台政策对于建设行业和房地产行业从业人员实行职业资格证书制度。2003年起,建筑英才网、中国建筑人才网、一览房地产英才网、易招聘网等房地产和建筑业专业人才网站陆续成立。2007年,福建省挂牌建设人才市场。各地方陆续建立了建筑及房地产行业的专门的人才市场。这可以看作我国建设和房地产行业专门人力资源平台的发展阶段。2009年,中国建设人才服务信息网成立,这是全国性住房和城乡建设人才信息公共服务平台,主要作人才认证和岗位培训等。之后地方房地产人

---

① 郭连强,刘力臻,祝国平. 我国房地产金融创新面临的突出问题与对策 [J]. 经济纵横, 2015 (3): 103–108.

才网站在陆续建设中,房地产人才市场得到了规范和发展。

房地产人才市场成熟度可以反映人才资源配置的市场化程度。目前,并未查到关于人才市场成熟度的研究文献。

(4)房地产技术信息市场。房地产技术信息市场是指提供房地产交易信息及房地产业务技术咨询等的市场。基于互联网等新兴技术的房地产技术信息市场为房地产市场发展注入了新活力。但就目前房地产要素市场的情况来看,技术信息市场尚未形成规模。

(5)房地产原材料及机械设备市场。主要指房地产建筑涉及的钢铁、水泥、玻璃、建材、机械设备等行业,这部分产业虽与房地产相关,但是其占整个房地产开发比重较小,对整个房地产市场影响相对较小。

3.1.1.3 房地产市场中介组织的发育程度

广义上的市场中介组织指那些不直接从事市场客体(商品或劳务)的交易活动,而是以第三者(居间)身份,在市场交易主体之间、市场主体与政府之间、市场主体与其他社会组织之间的交换活动中,运用相关专业知识和技能,提供代理、咨询、公证、验证、评估、调解、场所、仲裁等中介服务,并以营利为目的,具有民事法律责任的独立组织[①]。

房地产市场中介组织与政府的关系大致可以分为以下几类:一是"先官办,后脱钩",由政府机构改革转化或产生的市场中介组织。即先按国家要求和有关规定由有关厅、局按事业单位成立,运作几年后,再按照国家有关规定脱钩,成为自主经营、自负盈亏、自我发展的经济实体,如会计师事务所、律师事务所等。二是作为一些部门的事业单位,目前还未脱钩的带有中介性质的机构,如部分人才交流中心、土地房屋评估、质量技术检测机构等。三是完全按照市场需求发展起来的中介机构,由社会中一些具有某项业务能力的人员自发组织起来,在

---

① 彭小玲,蔡立辉. 貌离神合:市场中介组织行业自律的行政化现象研究[J]. 行政管理,2016(3):97-102.

进行合法登记后,从事市场中介活动,如房屋租赁、二手房买卖、劳务介绍等市场中介组织①。

狭义上的房地产市场中介主要是指向进行房地产交易的一方或双方提供居间、代理以及有关咨询等服务,并从中取得佣金的经济行为②。依据我国《城市房地产中介服务管理规定》,房地产中介是房地产咨询、房地产价格评估、房地产经纪等活动的总称。房地产咨询是指为房地产活动当事人提供法律法规、政策、信息、技术等方面服务的经营活动。房地产价格评估是指对房地产进行测算,评定其经济价值和价格的经营活动。房地产经纪是指为委托人提供房地产信息和居间代理业务的经营活动。

本书所述房地产中介组织主要是指狭义上的房地产市场中介,房地产中介的发展对于房地产市场的发育成熟具有推动作用。

首先,房地产中介为房产市场提供多种专业化服务。房地产交易市场的流通方式复杂,房地产交易的内容包括全价商品房交易、优惠的商品房交易、旧公房交易和私人房屋租赁。交易方式包括租赁、拍卖、抵押、典当、房屋联营或入股等。由于具备专业知识和技术优势,房地产经纪人可以提供与房地产产品相关的信贷融资、估价、合同、产权转让、公证、税费缴纳等相关服务。

其次,房地产中介有利于促进供需之间的平衡,并降低交易成本。房地产中介一直从事商品房销售和租赁,掌握的供求信息比较全面,从而能够为买卖双方提供有效信息,促进供求量的调整。

我国的房地产中介行业的发展大致可以划分为以下六个阶段:

第一阶段(1999年以前):个体居间服务阶段,此时房地产中介市场刚刚开始萌芽,尚未形成组织形式的第三方交易机构,主要是以个人销售、代客户介绍等个人行为提供居间服务,收益往往就是成交时客户给的红包。

第二阶段(1999~2000年):单店经营阶段,这个阶段的特点是没有临街店

---

① 陈亚辉. 政府与中介组织:互动关系分析及协作机制机构建 [J]. 价值工程, 2010 (8): 114-115.
② 陈英存. 我国房地产经纪业管理模式研究 [D]. 同济大学硕士学位论文, 2007.

铺，中介机构大多采用单店模式，以在写字楼里进行集中办公为主，不设临街店铺，靠广告和电话发展客户和联络客户。

第三阶段（2000~2003年）：小规模连锁阶段，随着住房二级市场的发展，房地产中介出现了有利于业务发展的小规模连锁企业和店面式的经营方式。并且房地产中介企业开始采用直营与加盟两种连锁形式进行市场扩张。

第四阶段（2003~2007年）：大规模连锁阶段，房地产中介公司也开始实施跨区域发展战略，逐步布局和进入二线城市以实现规模化发展。我国的房地产中介业开始向规模化、系统化和专业化转变，行业竞争也逐步加剧。

第五阶段（2007~2009年）：调整阶段，在房地产一级、二级市场中，房地产中介企业的代理销售业务由于房地产成交量的萎缩也出现下滑，房地产中介企业开始大规模地缩减店铺规模以降低成本，整个房地产中介业随着房地产市场的调整也进入到调整阶段。

第六阶段（2010年至今）：震荡发展阶段，随着房地产行业逐渐步入以存量房交易为主的时代，房地产中介行业面临新的发展机遇，迅速发展壮大。当然，随着发展也出现了很多问题和挑战。房地产中介行业也在不断探索和优化经营的模式，整个行业在震荡中前行。

由于对房地产中介组织长期以来认知和管理的口径不一致，因此主要从为产业市场服务的角度出发，衡量房地产中介组织的总体发展状况。

3.1.1.4 政府和市场的关系

由于房地产的稀缺性、土地的垄断性、房屋的社会福利属性及房地产市场对于国民经济的平稳运行具有的重大影响，导致政府在房地产市场必须采取一定的干预措施。无论哪种社会制度，政府都将规范房地产市场的运行，并通过金融和财政政策、城市规划和土地规划等手段调控、引导或限制房地产市场的发展。

而对于市场与政府关系的认识随着改革开放的实践而不断深化。中共十一届三中全会继续遵循计划经济路线，强调政府的主导作用。中共十二大主张以计划为主，市场为辅。中共十四届三中全会提出计划调控下的市场经济改革方向，仍然强调国家对资源配置的主导地位。中共十六届三中全会开始强调发挥市场的基础性作用。中共十八届三中全会提出市场在资源配置中起决定性作用，同时更好地发挥政府作用①。

我国的房地产政策可以分为土地政策、金融政策、税收政策和行政手段等。政府通过各种政策对住宅市场的干预大致可以分为两种方式：数量干预和价格干预②。数量干预主要涉及住房供应量的干预，如政府通过调控影响房地产开发企业的投入量进而影响房地产市场的供应量，再比如政府通过建造大量的公共住房、以较低价格提供给低收入家庭使用，从而影响需求量。政府对价格进行调节和干预可以采取财政补贴或者税收的方式，如减免购房者的税收或提供低息长期的贷款或对租房者进行现金补贴，也可以采用限价等行政手段对直接价格施加影响。无论是数量干预和价格干预，都会影响住宅市场的价格。

政府对房地产市场的调控与干预程度越高，说明房地产市场化的程度越低。市场的作用不可替代，政府的作用应该是为市场的运行提供制度保障，弥补市场失灵的不足。

3.1.1.5 非国有经济在房地产市场中的发展情况

所谓非国有经济在房地产市场的发展情况，是指除了国有经济单位以外的投资主体，具体包括集体、联营、股份制、外商港澳台、私营及其他经济类型单位所从事的房地产相关活动的发展情况。

国企改革多年的经验告诉我们，大多数的国企在经济活动中之所以能够取得竞争优势，凭的是政治优势、权力优势和政策优势，公权力的支持是中国大多数国企赢利的主要因素。中共十五大和十五届四中全会《关于国有企业改革和发展若干重大问题的决定》正式提出了"有进有退，有所为有所不为"的重大战略，明确指出，国有经济需要控制的行业和领域主要包括涉及国家安全的行业、自然

---

① 陈东焰. 政府作用与市场机制——以房地产市场调控为例 [J]. 中国市场，2015 (51)：163-164.
② 闫国平. 上海房地产市场价格影响因素研究 [D]. 同济大学硕士学位论文，2007.

垄断的行业、提供重要公共产品和服务的行业以及支柱产业和高新技术产业中的重要骨干企业。除此之外，鼓励和支持非国有经济可以选择以灵活多样的方式进入各行各业①。2010年，国家明确表示要求不以房地产为主业的央企退出房地产市场，这一方面是由于国有经济若集聚房地产市场，会产生明显的导向效应，因此要避免大量国有资金集中投向高风险房地产市场；另一方面也是因为非国有经济自身所蕴含的活力。因此，房地产行业中非国有经济的发展对于房价和房地产的健康发展都有很大的作用。

对于非国有经济在房地产市场中的发展情况可以通过产值比重、投资比重等指标加以体现。

3.1.2 市场运行状况

根据产业经济理论的 SCP 分析框架，房地产市场运行状况可以从房地产市场结构、市场行为和市场绩效进行分析。

3.1.2.1 房地产市场结构

市场结构是指市场上已有的和潜在的卖方和买方的数量、规模以及相互之间的关系，它反映了特定市场上相关企业面临的竞争环境，是决定企业行为和市场绩效的主要因素。通常，市场结构的分析可以从两个方面入手：一是指市场组织形式（如市场的竞争性或垄断性、市场的进出壁垒、产品的差异程度等）；二是指通过对某一产业的市场集中度来确定市场的结构类型。市场的结构可以用一定的指标来计算。数量、规模、市场份额、市场集中度等因素度量的是市场中现存企业之间的关系，产品差别、进出壁垒等因素度量的是潜在的进出者之间的关系。

---

① 东方早报.马光远：央企为什么必须退出房地产业 [EB/OL]. http：//news.163.com/10/0322/08/62C9Q47V00012Q9L.html，2010-03-22.

市场集中度是衡量某产业内企业的竞争程度和市场支配力量的一个基础指标，产业内的竞争形势对企业定价有巨大影响。市场集中度分为卖方集中度和买方集中度。卖方集中度是市场结构要素中最重要的分析对象，通常用在规模上处在前几位企业的生产、销售、资产、职工总量的比重来表示。常用的测算指标有CRn指数、赫希曼指数（HHI指数）、洛伦兹曲线和基尼系数等①。

一般认为在集中度较低的市场，竞争比较充分，企业很难通过高价格获得超额利润；而集中度较高的市场中，企业容易运用市场支配力量采取高价策略获得超额利润。但是也有学者认为，当房地产市场主要由同质化，并且弱小的企业构成时，政府实施宏观政策干预就会面临极大的风险，即诱发"一管就死，一放就乱"的政策悖论。从市场经济发育相对成熟的国家的实践看，房地产业如果没有适度地集中，金融市场失效和政府缺位是必然的。谋求房地产市场合适的集中度将有利于维持房地产金融市场的健康发展②。

3.1.2.2 房地产市场行为

市场行为大体上有定价行为、协调行为等。

翟帅等（2017）利用蛛网模型对我国35个大中城市2003~2016年的商品房市场进行分析，认为商品房价格对房地产需求和供给影响作用明显，利率、个人可支配收入等因素对房地产市场的供求影响不显著③。商品住宅销售价格的上升是市场供求关系作用的结果，但反过来，价格对市场需求变动的影响不大，但对市场供应的变化影响显著。换句话说，价格并不是决定市场需求的主要因素，但它是决定市场供给的主要因素。中国房地产市场稳定均衡的价格体系尚未形成，处于一种不稳定的动态均衡中。

房地产市场的协调行为，一是价格水平与购买者负担能力相协调，可以从价

---

① 吴汉洪. 产业组织理论 [M]. 北京：中国人民大学出版社，2018.
② 王新军. 中国房地产业市场集中度分析 [J]. 探索与争鸣，2005 (10)：26-27.
③ 翟帅，殷宇飞，钱晨绯等. 关于我国房地产价格的稳定性研究 [J]. 价格理论与实践，2017 (3)：151-154.

格及其增长速度两个角度检测协调性;二是房地产市场发展速度与宏观经济发展状况相协调,主要从规模增长速度、整体投入要素投入角度检测协调度;三是房地产市场结构与居民收入结构相一致,可以从大类品种的比例关系、产品档次的比例关系两个层次检测①。

陈红艳等(2013)认为,房地产泡沫研究和房地产预警系统从不同角度分析监测房地产市场发展状况,有着各自不同的理论渊源和实践运用。房地产泡沫侧重分析房价与外部经济的协调性,房地产预警侧重考察市场内部发展的平稳性。房地产泡沫是房地产价格的异常行为,指房地产市场消费者非理性预期等行为引起的房地产价格与价值严重背离的现象,具体表现为房地产市场价格波动幅度大,房屋售价快速上涨,租金低廉②。当房地产业的发展速度过快,超过了国民经济和社会发展的承受能力,造成了房地产业的内部结构严重失衡和商品房的不合理空置,就构成了房地产警情。一般而言,构成房地产警情的指标包含以下三个层面:房地产业发展与国民经济总体的协调程度、房地产业与相关产业的协调发展关系、房地产业内部的协调发展程度③。综合二者的研究角度,"房地产市场各方面发展良好的状态"可界定为市场发展平稳、与社会经济状况相协调两方面,其内涵特征概括为平稳性和协调性。

对于房地产市场来说,市场定价和市场协调行为直接影响市场的健康程度,房地产市场的健康程度则是对于市场定价行为和市场协调行为的有效衡量。对于房地产市场健康程度并没有形成一致的评价标准,沈斌(2009)从价格、速度、结构、规模、均衡状况五方面提出的评价思路具有一定的参考价值。

3.1.2.3 房地产市场绩效

市场绩效一般是指产业市场的经济价值,即资源配置效率,是指在一定要素投入下的产出效率,它包括企业内部有效组织和管理带来的效率、获利能力、技

---

① 沈斌,陈多长. 房地产市场健康标准与杭州的实证研究 [J]. 经济论坛, 2009 (11): 61-66.
② 高寒. 国内房地产泡沫测评研究 [D]. 首都经济贸易大学硕士学位论文, 2018.
③ 段际凯. 中国房地产市场持续发展研究 [D]. 复旦大学硕士学位论文, 2003.

术进步等。通常用收益率、价格—成本和托宾 Q 值等指标来衡量市场绩效。我国学者对房地产市场绩效的分析大多采用多指标体系。

房地产市场绩效指标可以从市场规模总量角度和投入产出效果角度加以衡量。市场规模反映了一个市场总体大小及其在国民经济中的地位，主要包括企业个数、投资发展规模、开发规模、销售和价格状况、对国民经济的影响等情况。

投入和产出的效果体现了市场的经济效果，一般房地产市场投入指标包括房地产开发投资额、土地开发面积、房地产业从业人数、新开工面积等。产出指标包括房屋竣工面积、经营总收入、商品房销售收入、商品房销售面积等。

3.1.3 市场发展潜力

房地产市场发展是一个动态的概念，因此，对房地产市场发展的评价应体现动态性。只有这样，才能使评价结果更加准确、更有价值。

潜力即潜在的能力，指原本具有的能力但因为某些约束条件，在现阶段还没有完全地显现出来，但是在一定的资源或者条件下，潜力可以发挥出来转变成显性的能力。但是目前的研究并没有明确给出"发展潜力"的定义；相反，发展潜力在各个领域不同的应用有不同的定义。在应用相对广泛的产业、区域和技术领域，发展潜力被定义为"可持续发展力"，即可持续发展理论。在经济领域，发展潜力又被定义为"潜在增长率"，本书侧重从企业层面来理解发展潜力，即企业对价值的生产和获取能力①。

对房地产业发展潜力可以从以下两个方面来理解：

3.1.3.1 宏观环境因素

首先，城镇人口增长所带来的住房需求是影响房地产市场发展潜力的长期性

---

① 秦飞. 基于模糊综合评价的我国专业市场发展潜力评估模型研究［D］. 浙江理工大学硕士学位论文，2012.

宏观环境因素，城镇化的推进会导致城镇规模扩张，大幅提升城镇的人口数量，进而引起房地产需求总量的提升，导致房地产投资总量的增加。而城镇人口变化取决于总人口的变化和城镇化率的变化①。

在改革开放的过程中，中国户籍制度从严格限制人口迁移流动开始发生松动。中国现在仍然有大批流动人口涌入大城市和沿海地区，人口迁移导致的增量扩张直接拉动了房地产市场的需求。中国城镇化进程一直都伴随着集聚和分化的过程，进入21世纪以来，全国人口迁移中心主要集中于上海、北京、浙江、广东、天津、福建和江苏，其中上海、天津、福建和江苏的人口吸引力继续提升，而北京、浙江和广东吸引力略有下降②。随着国家产业布局的调整，从前集中于经济发达城市的劳动密集型产业正逐步向中西部地区转移，而且新型城镇化建设速度加快，区域中心与周边城市交通越来越便利、经济往来越来越频繁，人口的迁徙的流向随之发生变化。

城镇化率体现的是地区城镇常住人口与地区常住人口之间的比例关系，是衡量城镇化程度的指标。城镇化一般是指人口城市化，即城市数量的增加和城市规模的扩大，人口在一定时期内向城市聚集的过程。城镇化率的提高背后意味着大量的农村居民进入城市，会产生对于住房的刚性需求。大量的学者研究表明，城镇化水平与房地产需求、供给都存在显著的正向相关关系，同时也带动房地产行业从业人数增加和房地产价格上升③。

其次，我国城镇居民人均可支配收入的增加对我国房地产市场的发展有促进作用。随着我国城镇居民人均可支配收入的提高，居民具有强烈的意愿去解决住房问题，甚至愿意压缩其他开支来实现购房的愿望，从而促进房地产市场需求增加。同时，随着收入的增加，人们将会有足够的收入购买更好的商品来替代原来

---

① 郭克莎. 中国房地产市场的需求和调控机制——一个处理政府与市场关系的分析框架［J］. 管理世界，2017（2）：97-108.
② 苏晶. 中国人口变化对房地产的影响［EB/OL］. http：//www.sohu.com/a/240934176_485176，2018-07-13.
③ 谢福泉，黄俊晖. 城镇化与房地产市场供需：基于中国数据的检验［J］. 上海经济研究，2013（8）：115-123.

的商品。随着城镇居民收入增长,消费结构不断升级,对住房的购买需求也丰富化。高、中、低收入家庭分别趋向于投资性、改善性和刚性需求。

3.1.3.2 市场引力因素

市场引力是指市场所具有的吸引力,即市场作为社会经济资源配置体系对经济资源的吸引与聚集力量,广义的市场引力也包括市场在整个社会范围内对社会经济资源的组织与安排。市场引力包括企业销售增长率、目标市场容量、竞争对手强弱及利润高低等[1]。

在评价体系中,动态性主要体现在评价方法上。评价方法应该体现出动态性,即应该用同一种评价方法对多年的房地产可持续发展程度进行评价。只有综合评价多年房地产业可持续发展状况,才能有看清房地产业可持续发展的趋势,改善束缚房地产业可持续发展的瓶颈,及时修正影响力程度减小的因素,保持和推动由影响程度加大的因素,防微杜渐,使房地产业健康持续发展[2]。

3.2 中国房地产市场发展水平的评价指标体系的建立

3.2.1 房地产市场发展水平的指标设立的原则

3.2.1.1 目标性原则

建立和完善房地产市场发展水平指标体系的目的是全面、系统、客观真实地

---

[1] 周三多. 管理学(第2版)[M]. 北京:高等教育出版社,2005.
[2] 田红保. 论房地产业可持续发展评价的误区与核心体系[J]. 中国房地产金融,2010(3):34-37.

描述我国房地产市场发展状况。基于这一目的，以房地产市场发展水平为主线，从房地产市场成熟程度、房地产市场运行情况、房地产市场发展潜力三个方面全面描述房地产市场发展状况。

3.2.1.2 科学性原则

科学性原则是指建立与完善我国房地产市场发展水平指标体系时的科学性要求，因能客观、准确地反映房地产市场的运行情况，并以此能评价房地产市场的发展水平。为正确反映房地产市场各要素本质的联系，必须要有科学的理论依据，并结合我国房地产市场发展的实际情况，来确定指标体系的构造框架和路径。

3.2.1.3 可操作性原则

房地产市场发展水平指标体系的可操作性原则是指在设立房地产市场发展水平指标体系时，应充分考虑几个要素，一是所涉及的房地产市场发展水平指标在实践中应便于获取，二是统计、汇总上易于操作。指标的选择要符合国际和国内惯例，所涉及的房地产市场发展水平指标的计算方法科学合理，采集的数据能够进行运用于实际的评价计算。

3.2.1.4 系统性原则

房地产市场发展水平指标体系应能通过不同的时间、不同的方面等多个维度，比较系统、完整地反映我国房地产市场发展水平的内在特征，同时兼顾房地产市场可持续发展等方面来全面综合系统性地反映房地产市场发展的基本情况。在建立和完善房地产市场发展水平指标体系时，以产业组织理论、产业结构理论作为理论基础，多角度、多维度地反映房地产业各个环节活动状况。在设计房地产市场发展水平指标体系时，从国家宏观管理的角度进行研究，也能够为房地产业管理及房地产开发企业的经营管理提供借鉴①。

3.2.1.5 可持续性原则

设计房地产市场发展水平指标体系,需要考虑其相对稳定性和可持续发展的特性。因此,在设计房地产行业指标体系时,必须具备发展的观念和可持续发展的理念,充分考虑各种因素的变化趋势及其影响,注意房地产市场发展水平指标对经济主体可能产生的导向作用,并考虑房地产市场的发展对社会、经济与自然环境的影响。

3.2.2 房地产市场发展水平的评价指标体系的构建

3.2.2.1 市场化程度指标

(1) 房地产产品市场发育程度指标。

X1:住房消费支出比。是指城镇居民家庭的住房支出与生活消费支出的比重。住房支出一般包括房租、水电煤费用和其他费用。在中国最早的做法是福利分房制度,所以当时的住房消费支出可以忽略不计。但是,随着房地产市场化改革的不断深入,福利分房制度已经逐渐被住房分配货币化政策取代,住房支出在人民消费支出中所占的比重越来越大。无论是商品房价格或住房租金水平,这一指标都表明住房作为商品在居民消费中的分量,将直接影响住房需求的收入弹性。因此,住房消费支出比越大,说明商品房市场越繁荣,在一定程度上可以反映中国城镇居民住房的市场化程度。

X2:房屋租售比。是指年商品房出租面积与出售面积的比例。一般情况下,房屋租售比是指每平方米建筑面积的月租金与每平方米建筑面积的房价之间的比

---

① 杨文武. 中国房地产业指标体系建立的理论分析与实证研究 [D]. 四川大学硕士学位论文, 2003.

值,也有一种说法认为是每个月的月租与房屋总价的比值。但由于商品房出租价格没有统一完善的统计年鉴,无法获得准确的数值,故本书采用租售面积比来进行代替。一个成熟的房地产市场应包括住宅买卖市场和租赁市场,因此房屋租赁市场的活跃和完善与否可以作为房地产市场成熟度的重要标准之一。同时,租售比也能够反映房地产市场的运行情况。

国际上用来衡量一个区域房产运行状况良好的租售比一般界定为1∶100~1∶230①。如果租售比低于1∶230,这意味着房产投资价值相对变小,房产泡沫已经显现;而如果高于1∶100,表明这一区域房产投资潜力相对较大,租金回报率较高,后市看好。

(2)房地产要素市场发育程度指标。

1)土地市场发育程度指标。

X3:土地有偿使用率。是指当年有偿使用的土地面积与当年土地供给总面积的比率。我国土地的供应方式包括划拨、出让、租赁和其他供地方式。其中出让和租赁是有偿使用土地的方式。该指标反映了市场机制的引入程度,指标值越高,则土地资源市场化配置程度越高,说明土地市场发育程度越好。

X4:土地二级市场活跃度。是指当年土地转让面积、出租面积之和与两年内土地出让面积的比率。土地二级市场是一级市场的延续,我国规定,出让后闲置两年以上的土地将被无偿收回,因此选两年内土地出让面积作为参照。该指标值越高则表示土地二级市场越活跃、土地市场发育程度越好②。

2)金融市场。房地产金融市场是否发达、是否健康是房地产市场成熟度的重要衡量标准之一。对于房地产金融市场指标的讨论与其发展阶段有关。本书基于生命周期理论将房地产金融市场的发展划分为形成期、发展期、成熟期和规范调整期。在形成期和发展期阶段房地产金融市场逐步形成,各项评价指标与发展程度正相关;在成熟期,由于房地产金融市场的丰富化和多样化,对于融资方式

---

① 吴福象,姜凤珍. 租售比、房价收入比与房地产市场调控 [J]. 当代财经,2012 (6):80-88.
② 李娟,吴群等. 城市土地市场成熟度及评价指标体系研究——以南京市为例 [J]. 资源科学,2007,7 (29):187-192.

和融资比例要考虑其效率性,因此对指标的评价将重新进行考虑。本书认为,我国房地产金融市场目前处于形成期。

X5:房地产开发金融信贷比。是指银行为房地产开发企业提供的贷款资金占整个银行系统信贷金额的比重。房地产行业是资金密集型产业,房地产开发金融信贷比这一指标反映了银行资金对房地产市场的支撑力度,能从一定层面上反映出房地产金融市场的发育水平。虽然指标值并非总是越高越好,但从我国现阶段发展水平来看,该指标越高说明房地产金融市场的发育水平越好,说明房地产市场成熟度越高[①]。

X6:房地产开发投资开放度。是指房地产开发企业利用外资额与房地产投资总额的比重。这一指标体现了我国房地产金融市场对外开放的程度,即外商投资占房地产总投资的比例。虽然指标值并非越高越好,但从我国现阶段发展水平来看,该指标越高,说明我国房地产金融市场的开放性程度越高,说明市场发育程度越好[②]。

X7:投资多样化指标。即房地产投资资金不同来源的均衡程度。房地产开发投资的资金来源目前主要包括企业自筹资金、国内银行贷款、外资和其他等几大类。当房地产开发投资资金来源种类越丰富、各种资金来源占比比较均衡,说明投资的多样化程度越高。投资主体的多样性说明金融市场所提供的融资方式被充分利用而不是仅依赖于某种单一的融资渠道,说明房地产金融市场环境更有利于提高房地产市场化水平。基于这个思想,选择熵函数来描述投资构成的合理程度。

$$S = -\sum_{i=1}^{n} x_i \ln x_i$$

其中,x_i代表各类投资的比例,当各类投资比例越均衡,熵函数越大,说明投资的多样化程度越高,越有利于房地产金融市场的发育。

---

① 赵玲. 房地产市场基础理论探究 [J]. 中国市场, 2018 (31): 62 – 63.
② 涂丹. 中国房地产市场深化程度的实证研究 [D]. 华东师范大学硕士学位论文, 2014.

3）房地产人才市场。

X8：房地产人才市场或平台建设情况。该指标是定性评价指标，根据专业房地产人才市场或平台的发展和建设情况打分确定。该指标值越高，说明房地产人才市场或平台建设情况越理想，越有利于房地产行业人力资源的流动和优化配置，房地产市场的成熟度越高。

X9：房地产开发企业中外资企业从业人员比例。即在房地产开发企业中，外商投资企业从业人数占所有房地产开发企业从业人数的比重。我国各地区房地产开发企业按登记注册类型分为内资（如国有、集体、国有独资、私营独资等）和外商投资（如合资经营、合作经营等）。因此，通过考察房地产开发企业从业人员中外商投资企业人数所占的比重可以体现出房地产市场人才流动开放的程度，从而反映房地产市场的成熟程度。

（3）房地产市场中介组织的发育程度。

X10：房地产市场中介组织的发育程度。该指标是定性评价指标，根据我国房地产中介组织的发展阶段进行打分。该指标值越高，说明房地产中介组织的发展情况越理想，越有利于为房地产市场提供中介服务，从而有利于房地产市场的发育。

（4）政府和市场的关系。

X11：政策干预度。是指政府对于房地产市场的干预程度。如果将政府不采取任何政策干预，房地产市场在均衡状态自主运行作为基准情景，将政府对于市场的干预调控手段划分为税收政策、土地政策、金融政策和行政手段四种类型，其中税收政策、土地政策和金融政策是通过间接的方式作用于房地产行业投资、税负、需求等方面以达到影响房地产市场发展及产品价格的目的。而行政手段包括保障性住房措施、限价、限购、限售等，其中限价、限购、限售是比较直接且严厉的政策措施，直接从产品价格入手控制房地产市场。政府采用行政手段时，对于房地产市场的运行干预程度非常高[①]。因此，根据行政手段干预程度进行打分，将无限价、限购、限售干预的年份取值为0分，有限价、限购、限售的年份出现其中某类政策手段每项取值为1分。

(5) 房地产行业中非国有经济的发展。

X12：房地产行业中非国有经济投资活跃度。是指按注册登记类型分的非国有经济房地产开发企业投资额与房地产开发总投资的比值。非国有经济房地产开发企业是指除了注册类型为国有经济的其他类型的房地产开发企业。该指标越大，说明非国有经济在房地产市场投资活动中越活跃，说明市场投资主体类型丰富，市场化程度较高。

X13：房地产行业中非国有经济就业贡献度。是指按注册登记类型分的非国有经济房地产开发企业就业人数与房地产开发企业就业总人数的比值。非国有经济房地产开发企业是指除了注册类型为国有经济的其他类型的房地产开发企业。该指标越大，说明非国有经济在房地产市场中提供的就业岗位越多，说明不同类型投资主体参与市场的程度高，市场化程度越高。

房地产市场化程度准则层指标如表3-1所示。

表3-1 房地产市场化程度准则层指标

一级准则层	二级准则层	指标层	指标方向
房地产市场成熟程度	产品市场发育程度	X1：住房消费支出比	正向
		X2：房屋租售比	正向
	房地产要素市场发育程度	X3：土地有偿使用率	正向
		X4：土地二级市场活跃度	正向
		X5：房地产开发金融信贷比	正向
		X6：房地产开发投资开放度	正向
		X7：投资多样化指标	正向
		X8：房地产人才市场或平台建设情况	正向

---

① 孙翀，马胜男，韩钰，王铮. 若干房地产行业宏观调控工具的模拟和比较——以北京和上海为例[J]. 经济地理，2014 (8)：23-32.

续表

一级准则层	二级准则层	指标层	指标方向
房地产市场成熟程度	房地产要素市场发育程度	X9：房地产开发企业中外资企业从业人员比例	正向
	房地产市场中介组织的发育程度	X10：房地产市场中介组织的发育程度	正向
	政府和市场的关系	X11：政策干预度	负向
	房地产行业中非国有经济的发展	X12：房地产行业中非国有经济投资活跃度	正向
		X13：房地产行业中非国有经济就业贡献度	正向

3.2.2.2 房地产市场运行情况指标

（1）市场结构指标。

X14：房地产开发企业从业人数集中度。这个指标用来衡量房地产市场集中度，其计算公式为：

$$CR_m = \frac{\sum_{m=1}^{j} X_m}{\sum_{i=1}^{n} X_i}$$

其中，CR_m 代表区域性产业内某个区域的区域市场集中度，市场集中度可以用销售额、投资额等多个指标加以衡量，由于数据的连续性问题，本书选择了从业人数衡量市场集中度；式中，分子代表区域性产业某区域内前 j 位企业的从业人数，分母代表区域性产业某区域内全部企业的相关指标数据。

考虑到研究的目的和数据的可获取性，本书选取的是具有房地产开发一级资质的企业。根据《房地产开发企业资质管理规定》（2000年3月29日建设部令第77号发布，根据2015年5月4日住房和城乡建设部令第24号《住房和城乡建设部关于修改〈房地产开发企业资质管理规定〉等部门规章的决定》修正），一级资质是房地产开发企业的最高资质等级。一级资质的认定在房地产开发企业的资质认定是最高标准，因此可以认为具有一级资质的开发企业是房地产市场中处于领先行列的企业。同时，一级资质的房地产开发企业承担房地产项目的建设规模不受限制,可以在全国范围承揽房地产开发项目。二级资质及二级资质以下的房地产开发企业可以承担建筑面积25万平方米以下的开发建设项目,承担业务的具体范围由省、自治区、直辖市人民政府建设行政主管部门确定。各资质等级企业应当在规定的业务范围内从事房地产开发经营业务,不得越级承担任务。因此,具备一级资质的房地产开发企业有能力从事全国范围内业务的开发,可以认为在行业中具有较强的实力。

该指数越高,说明房地产市场的垄断性程度越高。理论上,高垄断性的市场结构容易导致高房价,也是市场失灵的一种表现①。因此,该指数越低,说明市场竞争程度越高。

(2) 市场行为指标。

X15:房价收入比。是指住房价格与城市居民家庭年收入之比。相较于市场化改革之前的福利实物分配制度,这一指标能间接地体现出房地产市场的货币化水平以及房地产市场的供需力量均衡程度。

联合国人居署定义房价收入比为一个地区的市场房价中位数与家庭年收入中位数的比值。由于中国的住宅是按照平方米价格交易而不是按照套来交易,又由于纳入中国家庭收入统计的收入只是全部家庭收入中的一部分,因此本书计算的平均房价收入比采用家庭年平均总收入与一套房屋的平均价格之比来计算,即:

房价收入比 = 每户住房总价 ÷ 每户家庭年总收入

其中,每户住房总价和每户家庭年总收入的计算公式分别如下:

每户住房总价 = 人均住房面积 × 每户家庭平均人口数 × 单位面积住宅平均销售价格

每户家庭年总收入 = 每户家庭平均人口数 × 家庭人均全部年收入

对于房价收入比合理取值的确定标准,对我国学者产生较大影响的是世界银

---

① 江小国,王先柱. 我国房地产市场垄断程度的变动趋势分析 [J]. 云南财经大学学报,2015 (5):40-48.

行于1992年发布的研究报告,该报告指出在运行良好的房地产市场中的房价收入比一般为4~6。在可获得数据的社会主义国家里,房价收入比非常高,在10~20或更高①。沈久沄(2006)认为,考虑到目前购房者申请房贷时需预先支付不低于房款20%首付的房贷政策,以及支付贷款利息等因素,房价收入比保持在14~20应是相对合理的②。吕江林(2010)认为,我国城市居民理论上能承受的房价收入比的合理上限为4.38~6.78倍③。刘海猛等(2015)运用空间自相关和变异系数等方法对中国1999~2012年城镇房价收入比的时空演变特征和分异规律进行分析,发现从国家尺度呈波动上升趋势,省级尺度先上升后分异,从空间分布情况看,房价收入比1999~2003年以3.16~7.00为主,2007~2011年处于7~12区间省域明显增加,部分省份达到12.01~16.05④。

考虑到计算方法和统计口径的偏差以及本书的研究目的,采用4~20的较宽泛取值范围来进行评价。

X16:房价增长率与GDP增长率之比。是指商品房价格的增长率与GDP增长率的比值。该指标能反映房地产市场相较于国民经济的增长速度。它可以用来监测房地产市场价格方面不健康的趋势,一般指标值在1以内属于合理范围,1~2泡沫预警,2以上房价虚涨泡沫显现⑤。该指标越高,说明房地产市场越不健康。

X17:房地产开发投资额增长率与GDP增长率之比。是指房地产开发投资额增长率与GDP增长率的比值。通过这一指标,可以衡量房地产市场的投资增长与国民经济整体发展是否相互协调。该指标过高,表明GDP对于房地产的依赖程度较高;该指标过低,表明房地产市场的需求不足,房地产市场的发展趋势放

---

① 宏观经济研究院投资研究所课题组.居民住房支付能力评价指标比较与分析[J].宏观经济研究,2005(2):35-37.
② 沈久沄.对房价收入比科学涵义的再探讨[J].中央财经大学学报,2006(6):75-79.
③ 吕江林.我国城市住房市场泡沫水平的度量[J].经济研究,2010(6):28-41.
④ 刘海猛,石培基等.中国城镇房价收入比时空演变的多尺度分析[J].地理科学,2015(10):1280-1287.
⑤ 袁平,吴洁.中国房地产泡沫测度及其影响因素分析[J].新财经,2012(3):55-59.

缓。即该指标如果偏离1过大，则说明房地产市场的发展速度与国民经济发展速度不相称①。

X18：商品房空置率。空置率指标是衡量房地产市场相对过剩的最灵敏的指标之一。对于房屋空置率的计算方法国内外在实践中具有较大的差异，国外学者对房屋空置的理解多是指某时期未使用的房屋空置房的数量与市场上全部可以供人居住房屋总量的比值。国内学者由于受统计资料的影响较多使用统计局的房屋空置面积，即在报告时期的截止点，所有已经竣工的商品住宅面积中还没有销售或出租的面积。这里的房屋空置面积除了包含本报告期时的房屋空置面积，还包含了上一报告期时没有出售或出租的房屋空置面积总和②。

由于存量房屋统计资料的欠缺，很难获得真正的房屋空置率。而新增商品房的空置状况在一定程度上可以反映房地产市场空置房屋的增长状况，因此本书采用新增商品房的空置率替代房屋空置率，计算公式为：

商品房空置率 =（当年竣工房屋面积 − 当年房屋销售面积）÷ 当年竣工房屋面积

该指标较高时说明房地产市场相对过剩的程度增加，反之则说明房地产市场的相对过剩情况得到缓解。

（3）市场绩效指标。

X19：房地产企业个数。指依法成立、有自己的名称、组织机构和场所，能够独立承担民事责任的房地产开发经营活动、房地产管理活动的房地产经济与代理活动法人单位个数。该指标越大，说明房地产市场参与者越多。

X20：房地产业从业人数。指在统计年度内房地产开发经营活动、房地产管理活动的房地产经济与代理活动从事一定的社会劳动取得劳动报酬或经营收入的总人员数。该指标越大，说明房地产市场对于就业的贡献率越高。

X21：本年完成房地产开发投资额/GDP。是指以货币形式表现的房地产开发

---

① 沈斌，陈长多. 房地产市场健康标准与杭州的实证研究 [J]. 经济论坛，2009，11（21）：61−66.
② 谭希. 房屋空置率指标体系研究及应用——以重庆市为例 [D]. 重庆交通大学硕士学位论文，2017.

企业（单位）本年内进行的房屋建设及土地开发所完成的工作量及有关费用的总称，不包括单纯的土地交易活动产出的投资额。该指标越大，说明经济发展对于房地产投资的依赖度越高，说明房地产市场对于国民经济的影响越大。

X22：本年购置土地面积。是指在本年内通过各种方式获得土地使用权的土地面积。土地购置面积是土地供给和房地产开发企业运营策略共同影响的结果。通常情况下，该指标增加，表明房地产投资的愿望和信心增强。

X23：房屋施工面积。是指报告期内施工的全部房屋建筑面积，包括本期新开工的面积和上年开工跨入本期继续施工的房屋面积，以及上期已停建、缓建在本期恢复施工的房屋面积。本期开工后又停建、缓建的房屋面积仍包括在施工面积中。施工房屋面积以每幢房屋计算，一幢房屋只要正式开工，即计算整幢房屋的施工面积，多层建筑应填各层建筑面积之和。该指标增加，表明房地产市场存量规模增加。

X24：新开工面积。是指在报告期内新开工建设的房屋施工面积。不包括上期跨入报告期继续施工的房屋面积和上期停、缓建而在本期恢复施工的房屋面积。房屋的开工应以房屋正式开始破土刨槽（地基处理或打永久桩）的日期为准。

从房地产开发企业角度考虑，如果房地产市场销售势头良好，则会加大拿地力度，并在之后提升新开工面积；反之亦然。该指标增加，表明房地产市场规模保持增长势头。

X25：房地产企业利润总额。是指房地产企业扣除成本消耗及营业税后的剩余即通常所说的盈利。企业在一定时期内通过生产经营活动所实现的最终财务成果，是衡量企业经营业绩的重要指标。

X26：房地产企业经营收入。是指企业对外转让、销售、结算和出租开发产品所取得的经营收入。包括土地转让收入、商品房屋销售收入、房屋出租收入和其他收入。该指标能够体现企业的经营规模和发展情况。

房地产市场运行情况准则层指示如表3-2所示。

第3章 中国房地产市场发展水平的评价指标体系研究

表3-2 房地产市场运行情况准则层指标

一级准则层	二级准则层	指标层	指标方向
房地产市场运行情况 A2	市场结构	X14：房地产开发企业从业人数集中度	负向
	市场行为	X15：房价收入比	负向
		X16：房价增长率与GDP增长率之比	正向
		X17：房地产开发投资额增长率与GDP增长率之比	负向
		X18：商品房空置率	负向
	市场效率	X19：房地产企业个数	正向
		X20：房地产业从业人数	正向
		X21：本年完成房地产开发投资额/GDP	正向
		X22：本年购置土地面积	正向
		X23：房屋施工面积	正向
		X24：新开工面积	正向
		X25：房地产企业利润总额	正向
		X26：房地产企业经营收入	正向

3.2.2.3 房地产市场发展潜力指标

（1）宏观环境指标。

国家（城市）社会经济基本面决定住房基本价值，社会基本面包括地区生产总值及其增长速度、居民人均可支配收入及增长速度、人口变化等。毫无疑问，宏观环境变化影响房地产市场发展潜力[①]。

X27：人均GDP增速。是指基于不变价本币的人均GDP年增长率。人均GDP是国内生产总值除以年中人口数。以购买者价格计算的GDP是一个经济体内所有居民生产者创造的增加值的总和加上任何产品税并减去不包括在产品价值中的补贴。计算时未扣除资产折旧或自然资源损耗和退化。

人均GDP增速是反映一定时期经济发展水平变化程度的动态指标，也是反映一个国家（或地区）经济是否具有活力的基本指标。经济发展和人们生活水

---

① 刘水. 我国主要城市房地产发展潜力评价 [J]. 房地产开发, 2014 (20): 54-63.

平提高会带来人类生产、生活方式改变,这是推动房地产市场发展的主要驱动力。因此,人均GDP增速是衡量房地产市场发展潜力的重要指标。

X28:常住人口数量。是指全年经常在家或在家居住6个月以上,而且经济和生活与本户连成一体的人口。常住人口为国际上进行人口普查时常用的统计口径之一。

人口是房地产市场的基本需求来源,不论是居住需求还是投资需求,没有一定的人口规模为基础,房地产市场的发展将无从谈起。因此,常住人口数量是判断房地产市场发展潜力的重要指标。

X29:城镇化率。是指一个地区城镇常住人口占该地区常住总人口的比例。城镇人口包括设区市的城市人口、镇区及镇政府所在地村委会(居委会)的人口、通过道路建筑物与镇区连接的村委会的人口。

常住人口 = 当地的户籍人口 + 外来半年以上的人口 – 外出半年以上的人口

城镇化水平是衡量一个国家和一个地区社会经济发展水平的重要标志,也是衡量房地产市场潜在发展能力的重要指标。城镇化率的提升,往往会导致房地产需求、供给增加,同时也带动房地产行业从业人数增加和房地产价格上升。因此,该指标值越大,意味着房地产市场的发展潜力越大。

X30:城镇居民人均可支配收入。是指反映居民家庭全部现金收入能用于安排家庭日常生活的那部分收入。它是家庭总收入扣除缴纳的所得税、个人缴纳的社会保障费以及调查户的记账补贴后的收入。

研究表明,我国城镇居民人均可支配收入的提高是房地产业发展的Granger原因,这个作用很明显[①]。因此,该指标值越大,意味着房地产市场的发展潜力越大。

(2)市场引力指标。

X31:商品房销售额增长率。是指房地产开发企业本年商品房销售额增长额同上年商品房销售额之比。其计算公式为:

---

① 熊华平,陈凤丽,田勇. 我国房地产业发展与城镇居民人均可支配收入的关系研究 [J]. 建筑经济, 2013 (12): 92 – 95.

商品房销售额增长率=(本年商品房销售额-上年商品房销售额)÷上年商品房销售额

商品房销售额增长率是分析房地产市场成长状况和发展能力的重要指标。该指标越大,表明房地产市场的市场引力更大,房地产市场的发展潜力更大。

X32:商品房销售面积增长率。是指房地产开发企业本年商品房销售面积增长额同上年商品房销售面积之比。其计算公式为:

商品房销售面积增长率=(本年商品房销售面积-上年商品房销售面积)÷上年商品房销售面积

商品房销售面积增长率也是分析房地产市场成长状况和发展能力的重要指标。相较于商品房销售额增长率,该指标去除了不同区域商品房价格差异所带来的影响。该指标越大,表明房地产市场的市场引力更大,房地产市场的发展潜力更大。

X33:土地购置面积增长率。是指房地产开发企业本年土地购置面积增长额同上年土地购置面积之比。其计算公式为:

土地购置面积增长率=(本年土地购置面积-上年土地购置面积)÷上年土地购置面积

土地购置面积是市场土地供给和房地产开发选择意愿两方面作用的结果。土地购置面积的增加,首先意味着土地供应方面没有受到政策的限制,其次表明对于房地产开发企业来说,房地产投资具有吸引力。

X34:房地产投资增长率。是指房地产开发企业本年实现投资增长额同上年实现投资增长额之比。其计算公式为:

房地产投资增长率=(本年实现房地产开发投资总额-上年实现房地产开发投资总额)÷上年实现房地产开发投资总额

该指标能很好地反映房地产业的供给意愿以及社会资源在房地产业的聚集程度。该指标增大,表明房地产投资主体对于房地产市场预期较好;反之,则意味着对房地产市场业务活动预期在下滑,对未来房地产市场需求的不乐观态度。

X35:新开工面积增长率。是指房地产开发企业本年新开工面积增长额同上年新开工面积之比。其计算公式为：

新开工面积增长率=（本年新开工面积-上年新开工面积）÷上年新开工面积

房屋新开工面积的增速增加，预示着未来开发投资增速仍将会保持在高位，投资环境持续保持良好态势。

房地产市场发展潜力准则层指标如表3-3所示。

表3-3 房地产市场发展潜力准则层指标

一级准则层	二级准则层	指标层	指标方向
房地产市场发展潜力 A3	宏观环境	X27：人均 GDP 增速	正向
		X28：常住人口数量	正向
		X29：城镇化率	正向
		X30：城镇居民人均可支配收入	正向
	市场引力	X31：商品房销售额增长率	正向
		X32：商品房销售面积增长率	正向
		X33：土地购置面积增长率	正向
		X34：房地产投资增长率	正向
		X35：新开工面积增长率	正向

经过上述分析，构建了中国房地产市场发展水平评价指标体系如表3-4所示。

表3-4 中国房地产市场发展水平评价指标体系

目标层	一级准则层	二级准则层	指标层	指标方向
中国房地产市场发展状况评价指标体系	房地产市场成熟程度 A1	产品市场发育程度	X1：住房消费支出比	正向
			X2：房屋租售比	正向
		房地产要素市场发育程度	X3：土地有偿使用率	正向
			X4：土地二级市场活跃度	正向
			X5：房地产开发金融信贷比	正向
			X6：房地产开发投资开放度	正向
			X7：投资多样化指标	正向

续表

中国房地产市场发展状况评价指标体系	房地产市场成熟程度 A1	房地产要素市场发育程度	X8：房地产人才市场或平台建设情况	正向
			X9：房地产开发企业中外资企业从业人员比例	正向
		房地产市场中介组织的发育程度	X10：房地产市场中介组织的发育程度	正向
		政府和市场的关系	X11：政策干预度	负向
		房地产行业中非国有经济的发展	X12：房地产行业中非国有经济投资活跃度	正向
			X13：房地产行业中非国有经济就业贡献度	正向
	房地产市场运行情况 A2	市场结构	X14：房地产市场集中度指数（从业人数）	负向
		市场行为	X15：房价收入比	负向
			X16：房价增长率与 GDP 增长率之比	正向
			X17：房地产开发投资额增长率与 GDP 增长率之比	负向
			X18：商品房空置率	负向
		市场效率	X19：房地产企业个数	正向
			X20：房地产业从业人数	正向
			X21：本年完成房地产开发投资额/GDP	正向
			X22：本年购置土地面积	正向
			X23：房屋施工面积	正向
			X24：新开工面积	正向
			X25：房地产企业利润总额	正向
			X26：房地产企业经营收入	正向
	房地产市场发展潜力 A3	宏观环境	X27：人均 GDP 增速	正向
			X28：常住人口数量	正向
			X29：城镇化率	正向
			X30：城镇居民人均可支配收入	正向
		市场引力	X31：商品房销售额增长率	正向
			X32：商品房销售面积增长率	正向
			X33：土地购置面积增长率	正向
			X34：房地产投资增长率	正向
			X35：新开工面积增长率	正向

第4章 中国房地产市场发展水平的评价方法体系研究

在对研究对象进行综合评价时,评价方法的科学性对最终结果至关重要。本书在进行实证分析时,首先要对评价对象进行评分,为了消除评价对象的量级和量纲的影响,并考虑评价指标对评价结果的正向和负向效应,因此本书将采用对正向指标和负向指标不同的评分方法;在指标赋权方法的研究中,现有的赋权方法主要包含三类:第一类是主观赋权方法,如层次分析法(AHP)、专家打分法等;第二类是客观赋权方法,如熵权法、标准差法等;第三类是组合赋权方法,即用多种单一赋权方法的加权组合计算得到指标的权重。为了减少主观赋权方法的随意性及客观赋权方法解释性差的缺陷,本书将采用主观、客观组合赋权方法。其中主观赋权方法采用层次分析法(AHP),客观赋权方法采用熵值法和标准差法,并采用评价结果最小差距最大化的组合赋权方法,计算组合系数。

4.1 指标评分方法

本书评价房地产发展的指标数据包含两类:一类是正向指标,正向指标的含义是数据越大,表明对应平均评价对象的房地产发展水平越高,如住房消费支出比、房地产人才市场或平台建设情况、房地产开发企业中外资企业从业人员比例、房地产市场中介组织的发育程度等指标;另一类是负向指标,负向指标的含义是数据越小,表明评价对象的房地产发展水平越高,如政策干预度、房价增长率与 GDP 增长率之比等指标。从本书构建的指标体系可以看出,选取的指标通常其单位不同,如亿元、万元、年和人等单位,而且,不同指标对应的量级也不一样,很多相差非常大。为了消除指标数据的量级和量纲对评价结果的影响,在计算评价结果之前,应首先将初始数据进行标准化,将其化为 [0,1] 之间的数据,本书采取的指标标准化方法是隶属度法①。

正向指标标准化:

$$r_{ih} = \frac{R_{ih} - \min\limits_{1 \leq i \leq n}(R_{ih})}{\max\limits_{1 \leq i \leq n}(R_{ih}) - \min\limits_{1 \leq i \leq n}(R_{ih})} \tag{4-1}$$

其中,R_{ih} 为第 i 个评价对象第 h 项的指标值;r_{ih} 为标准化后第 i 个评价对象第 h 项的指标值,指标体系中共有 m 项指标,n 个评价对象。

负向指标标准化:

$$r_{ih} = \frac{\max\limits_{1 \leq i \leq n}(R_{ih}) - R_{ih}}{\max\limits_{1 \leq i \leq n}(R_{ih}) - \min\limits_{1 \leq i \leq n}(R_{ih})} \tag{4-2}$$

其中,R_{ih} 为第 i 个评价对象第 h 项的指标值;r_{ih} 为标准化后第 i 个评价对象第 h 项的指标值,指标体系中共有 m 项指标,n 个评价对象。

4.2 单一指标赋权方法

4.2.1 层次分析法

层次分析法是通过分析各个层次指标之间的相对重要程度,来确定指标的权

---

① 任林洁. 汽车制造业战略供应商评价方法——基于熵权 G1 的多层次综合评价法 [J]. 汽车工程师, 2011 (9): 51 – 55.

重，其具体步骤如下①：

4.2.1.1 层次结构构建

在确定指标的相对重要程度之前，首先要确定指标体系中各基本要素之间的关系，并根据要素的属性将其分解成目标层、准则层和指标层三个部分。

4.2.1.2 构建判断矩阵

本书选择 1~9 标度进行打分来构造判断矩阵，其打分规则如表 4-1 所示。

表 4-1　1~9 标度打分规则

等级	等级定义	1~9 标度
1	前者与后者具有同等重要性	$A_{ij}=1$
2	前者比后者稍微重要	$A_{ij}=3$
3	前者比后者明显重要	$A_{ij}=5$
4	前者比后者强烈重要	$A_{ij}=7$
5	前者比后者极端重要	$A_{ij}=9$

注：表 4-1 中标度的取值也可以取 2、4、6、8 及其倒数。

采用上述标度的判断矩阵具备如下性质：

当 $i=j$ 时，$A_{ij}=1$；当 $i \neq j$ 时，$A_{ij}=\dfrac{1}{A_{ji}}$，其中 $i,j=1,2,\cdots,n$。

4.2.1.3 计算单层次权重向量

（1）判断矩阵按列进行归一化处理。

$$\overline{A_{ij}} = \dfrac{A_{ij}}{\sum\limits_{k=1}^{n} A_{kj}}, (i,j=1,2,\cdots,n) \qquad (4-3)$$

---

① 赵光华. 管理定量分析方法 [M]. 北京：北京大学出版社，2008.

(2) 归一化后的矩阵按行求和。

$$\overline{w_i} = \sum_{j=1}^{n} \overline{A_{ij}} (i = 1, 2, \cdots, n) \quad (4-4)$$

(3) 对向量 $\overline{w} = [\overline{w_1}, \overline{w_2}, \cdots, \overline{w_n}]^T$ 进行归一化计算。

$$w = \frac{\overline{w_i}}{\sum_{j=1}^{n} \overline{w_j}} (i = 1, 2, \cdots, n) \quad (4-5)$$

其中，w 即为单层次权重向量。

(4) 判断矩阵的最大特征值计算。

令 λ_{max} 代表判断矩阵的最大特征值，根据下式可计算其特征值为：

$$\lambda_{max} = \sum_{i=1}^{n} \frac{(Aw)_i}{nw_i} \quad (4-6)$$

其中，$(Aw)_i$ 为向量 Aw 的第 i 个元素。

4.2.1.4 一致性检验

对根据上述方法计算得到的权重向量 w，还需要对给定的判断矩阵作一致性检验，一致性检验的步骤如下：

(1) 计算一致性的指标 CI。

$$CI = \frac{\lambda_{max} - n}{n - 1} \quad (4-7)$$

其中，λ_{max} 是判断矩阵 A 的最大特征根，n 为矩阵的阶数。

(2) 查找平均一致性指标 RI。

给出 RI 取值情况①如表 4-2 所示。

表 4-2 RI 的取值规则

n	1	2	3	4	5	6	7	8	9	10	11	12	13
RI	0	0	0.52	0.89	1.12	1.26	1.36	1.41	1.46	1.49	1.52	1.54	1.56

---

① 薛冠夫. 大学科技园评价指标体系研究 [D]. 东北财经大学硕士学位论文，2007.

(3) 计算一致性比例 CR。

$$CR = \frac{CI}{RI} \tag{4-8}$$

当 $CR < 0.1$ 时，认为判断矩阵的一致性是可以接受的。当 $CR > 0.1$ 时，应该对判断矩阵作适当修正，重新计算。

4.2.1.5 计算层次总权重

层次总权重指的是计算各准则层的指标对目标层的综合权重。

设准则层中第 k 个元素下有 n 个指标，其中每个指标相对第 k 个元素的权重为 $w^{(2)}$：

$$w^{(2)} = (w_1^{(2)}, \cdots, w_n^{(2)})^T \tag{4-9}$$

设准则层中第 k 个元素相对目标层的权重为 $w_k^{(1)}$，则准则层中第 k 个元素下的 n 个指标相对目标层的权重 $W^{(2)}$ 满足：

$$W^{(2)} = w_k^{(1)} w^{(2)} \tag{4-10}$$

根据式（4-9）和式（4-10）求得所有指标相对目标层的权重，即为层次总权重。

4.2.2 熵权法

熵权法[①]的思想是用信息熵来衡量数据之间的差异大小，并以此来构建指标的权重，具体计算方法如下：

设 $r_{ih}(i=1, 2, \cdots, n; h=1, 2, \cdots, m)$ 代表标准化后第 i 个评价对象第 h 个指标的指标值，各个评价对象标准化后的数据 r_{ih} 的差异越大，则第 h 项指标对评价结果的影响越大，具体步骤如下：

---

① 章穗，张梅，迟国泰. 基于熵权法的科学技术评价模型及其实证研究 [J]. 管理学报，2010 (1)：34-42.

(1) 计算各指标的熵值。

设 e_h 为第 i 个评价对象第 h 个指标的熵值,则有:

$$v_{ih} = \frac{r_{ih}}{\sum_{i=1}^{n} r_{ih}} \tag{4-11}$$

$$e_h = -\frac{1}{\ln n} \sum_{i=1}^{n} v_{ih} \ln v_{ih} \tag{4-12}$$

(2) 计算各指标的熵权。

$$w_h = \frac{(1 - e_h)}{m - \sum_{h=1}^{m} e_h} \tag{4-13}$$

式(4-13)中 w_h 为第 h 项指标的熵权。

4.2.3 标准离差法

标准离差法[①]是根据指标数据标准差构建的一种计算指标权重的客观赋权方法,其基本思想是通过数据的波动性来衡量不同评价对象的差异,波动性大的指标权重应该更重。令 σ_h 代表第 h 个指标数据的标准差,则有:

$$\sigma_h = \sqrt{\frac{1}{m} \sum_{h=1}^{m} (r_{ih} - \overline{r_h})^2} \tag{4-14}$$

其中,$\overline{r_h}$ 代表第 m 个评价对象第 h 个指标数据的均值;r_{ih} 为第 h 个指标第 i 个评价对象的指标值。令 w_h 是第 h 个指标的标准离差权重,则有:

$$w_h = \frac{\sigma_h}{\sum_{h=1}^{m} \sigma_h} \tag{4-15}$$

---

① 王昆,宋海洲. 二种客观权重赋权法的比较分析[J]. 技术经济与管理研究,2003(6):48-49.

4.3 组合赋权方法

以上介绍了一种主观赋权方法（AHP）和两种客观赋权方法，本书将根据上述三种单一赋权方法，根据现有研究①提出的组合赋权方法，计算组合权重。其具体内容如下：

4.3.1 最小评价值差距最大化的组合赋权模型

根据现有研究②可知，最小评价值差距最大化的组合赋权优化模型如下：

$$\max f = \min_{i<h} \left(\sum_{j=1}^{m} x_j r_{ij} - \sum_{j=1}^{m} x_j r_{hj} \right)^2 \tag{4-16}$$

$$\text{s. t.} \min_{k}(w_{jk}) \leq x_j \leq \max_{k}(w_{jk}) \tag{4-17}$$

$$\sum_{j=1}^{m} x_j = 1 \tag{4-18}$$

$$(x_j \geq 0, j = 1, 2, \cdots, m) \tag{4-19}$$

其中，i 代表评价对象的个数；m 代表评价指标的个数；k 代表单一赋权方法的个数（对本书的例子，$k=3$）；x_j 为第 j 个指标的组合权重，是待求的变量；r_{ij} 和 r_{hj} 分别为第 i 个和第 h 个评价对象第 j 个指标标准化后的指标值（$i=1$, $2, \cdots, n; h=1, 2, \cdots, n$）；$w_{jk}$ 代表根据第 k 种赋权方法求出来的第 j 个指标的权重（$k=1, 2, \cdots, l$）。

该模型的目标函数式（4-16）表示组合权重应该是使评价各对象综合评价值差距最小的最大，即保证评价结果尽可能增大最小差距，因此可以更好地区分

---

①② 姜昱汐, 吴雷等. 最小差距最大化组合赋权的软件服务外包产业核心竞争力评价模型及实证[J]. 运筹与管理, 2014, 23（4）: 158-166.

评价对象。

式（4-17）、式（4-18）、式（4-19）给出了组合权重应该满足的约束条件，即指标的组合权重，其大小应该在根据指标单一赋权方法获得的 k 个权重中的最小值和最大值之间，且组合权重还需要满足归一化条件和非负性条件。

因为上述优化模型中的目标函数 $\min\limits_{i<h} \left(\sum\limits_{j=1}^{m} x_j r_{ij} - \sum\limits_{j=1}^{m} x_j r_{hj} \right)^2$ 是不可微函数，无法直接对模型进行求解，通过采用现有研究①中的光滑化方法，可得到模型如下：

$$\max f = -\frac{1}{p} \left(\ln \sum_{i=1}^{n(n-1)/2} \exp \left(-p \left(\sum_{j=1}^{m} x_j r_{ij} - \sum_{j=1}^{m} x_j r_{hj} \right)^2 \right) \right)$$

$$\text{s. t.} \min_k (w_{jk}) \leq x_j \leq \max_k (w_{jk}) \tag{4-20}$$

$$\sum_{j=1}^{m} x_j = 1$$

$$(x_j \geq 0, \ j = 1, 2, \cdots, m)$$

在该模型中，p 是一个很大的常数，具体取值可参见现有研究②。光滑化后，该模型的目标函数是一个可微函数，因此可以对其进行求解。

4.3.2 基于组合赋权的评价模型构建

令 x^* 代表根据上述模型求解得到的组合权重向量，第 i 个评价对象的综合评价值为 c_i，则有：

$$c_i = \sum_{j=1}^{m} x_j^* r_{ij} (i = 1, 2, \cdots, n) \tag{4-21}$$

将式（4-20）求出的 x_j^* 代入式（4-21），即为根据组合赋权计算得到的不同评价对象的综合评价值 c_i。

---

① 李兴斯. 非线性极大极小问题的一个有效解法 [J]. 科学通报, 1991 (19): 1448-1450.
② 张丽丽, 张培爱, 李兴斯. 关于熵函数法中的几个问题 [J]. 运筹与管理, 2009, 18 (3): 74-77.

第❺章
中国房地产市场发展水平评价

5.1 数据来源

本书选取中国 2000~2016 年房地产市场的发展情况作为评价对象,并根据第 3 章构建的评价指标体系,收集相关数据,计算对应的指标评分,对应的具体数据如表 5-1 所示。

表 5-1 中国房地产市场发展水平评价指标体系原始数据

目标层	准则层	指标层	2000 年	…	2008 年	…	2016 年
中国房地产市场发展状况评价指标体系	房地产市场成熟程度 A1	X1:住房消费支出比	0.1001	…	0.1019	…	0.2216
		X2:房屋租售比	0.0931	…	0.0920	…	0.0205
		X3:土地有偿使用率	0.6373	…	0.7082	…	0.4701
		X4:土地二级市场活跃度	1.6386	…	0.4228	…	0.5390
		X5:房地产开发金融信贷比	0.0139	…	0.0251	…	0.0202
		X6:房地产开发投资开放度	0.0338	…	0.0233	…	0.0014
		X7:投资多样化指标	1.2035	…	1.1245	…	1.0522
		X8:房地产人才市场或平台建设情况	1	…	2	…	3
		X9:房地产开发企业中外资企业从业人员比例	0.0315	…	0.0405	…	0.0208
		X10:房地产市场中介组织的发育程度	1	…	3	…	4

续表

目标层	准则层	指标层	2000年	…	2008年	…	2016年
中国房地产市场发展状况评价指标体系	房地产市场成熟程度A1	X11：政策干预度	0	…	0	…	2
		X12：房地产行业中非国有经济投资活跃度	0.3837	…	0.9479	…	0.9912
		X13：房地产行业中非国有经济就业贡献度	0.6993	…	0.9393	…	0.9829
	房地产市场运行情况A2	X14：房地产市场集中度指数（从业人数）	0.0612	…	0.0456	…	0.0489
		X15：房价收入比	12.3725	…	11.5834	…	12.8047
		X16：房价增长率与GDP增长率之比	0.2679	…	-0.0908	…	1.2704
		X17：房地产开发投资额增长率与GDP增长率之比	1.0012	…	0.2824	…	0.130891185
		X18：商品房空置率	0.2576	…	0.0086	…	-0.4826
		X19：房地产企业个数	27303	…	87562	…	94948
		X20：房地产业从业人数	971942	…	2100362	…	2752298
		X21：本年完成房地产开发投资额/GDP	0.0497	…	0.0977	…	0.1380
		X22：本年购置土地面积	16905.24	…	39353.4	…	22025.2473
		X23：房屋施工面积	65896.92	…	283266.2	…	7589748030
		X24：新开工面积	29582.6411	…	102553.3724	…	166928.1283
		X25：房地产企业利润总额	103.53	…	3619.59	…	8971.41
		X26：房地产企业经营收入	4515.71	…	26696.84	…	90091.51
	房地产市场发展潜力A3	X27：人均GDP增速	9.8631	…	17.6347	…	7.3312
		X28：常住人口数量	126743	…	132802	…	138271
		X29：城镇化率	36.22	…	46.99	…	57.35
		X30：城镇居民人均可支配收入	6255.7	…	15549.4	…	33616
		X31：商品房销售额增长率	31.7137	…	-16.1294	…	34.7685
		X32：商品房销售面积增长率	28.0328	…	-14.7178	…	22.4550
		X33：土地购置面积增长率	41.3612	…	-2.2174	…	-3.4437
		X34：房地产投资增长率	21.4684	…	23.3872	…	6.8784
		X35：新开工面积增长率	31.016	…	7.4966	…	8.0765

资料来源：《中国统计年鉴》《中国房地产统计年鉴》《中国国土资源统计年鉴》。

5.2 指标数据的标准化处理

5.2.1 正向指标的标准化

根据第四章中的指标标准化方法,正向指标即是表 3-4 中的第 5 列"指标方向"对应为"正向"的指标。把表 5-1 中的原始数据中的正向指标代入式 (4-1),再把标准化后的指标值填到表 5-2 中对应的指标位置。

5.2.2 负向指标的标准化

负向指标是表 3-4 的第 5 列"指标方向"对应为"负向"的指标。把表 5-1 中的原始数据里的负向指标代入式 (4-2),得到标准化后的指标值如表 5-2 所示。

表 5-2 中国房地产市场发展水平评价指标体系原始数据

目标层	准则层	指标层	2000 年	…	2008 年	…	2016 年
中国房地产市场发展状况评价指标体系	房地产市场成熟程度 A1	X1:住房消费支出比	0.0774	…	0.0895	…	0.9230
		X2:房屋租售比	0.7656	…	0.7539	…	0.0000
		X3:土地有偿使用率	0.6424	…	0.8500	…	0.1532
		X4:土地二级市场活跃度	1.0000	…	0.0000	…	0.0956
		X5:房地产开发金融信贷比	0.0000	…	0.7679	…	0.4320
		X6:房地产开发投资开放度	1.0000	…	0.6761	…	0.0000
		X7:投资多样化指标	1.0000	…	0.5528	…	0.1427

续表

目标层	准则层	指标层	2000年	...	2008年	...	2016年
中国房地产市场发展状况评价指标体系	房地产市场成熟程度A1	X8：房地产人才市场或平台建设情况	0.0000	...	0.5000	...	1.0000
		X9：房地产开发企业中外资企业从业人员比例	0.4370	...	0.8039	...	0.0000
		X10：房地产市场中介组织的发育程度	0.0000	...	0.6667	...	1.0000
		X11：政策干预度	1.0000	...	1.0000	...	0.0000
		X12：房地产行业中非国有经济投资活跃度	0.0000	...	0.8293	...	0.8930
		X13：房地产行业中非国有经济就业贡献度	0.0000	...	0.8462	...	1.0000
	房地产市场运行情况A2	X14：房地产市场集中度指数（从业人数）	0.0000	...	0.7179	...	0.5655
		X15：房价收入比	0.4230	...	0.6499	...	0.2987
		X16：房价增长率与GDP增长率之比	0.1382	...	0.0000	...	0.5243
		X17：房地产开发投资额增长率与GDP增长率之比	0.4018	...	0.8959	...	1.0000
		X18：商品房空置率	0.0000	...	0.3364	...	1.0000
		X19：房地产企业个数	0.0000	...	0.8908	...	1.0000
		X20：房地产业从业人数	0.0000	...	0.6311	...	0.9957
		X21：本年完成房地产开发投资额/GDP	0.0000	...	0.4900	...	0.9022
		X22：本年购置土地面积	0.0000	...	0.0001	...	0.0000
		X23：房屋施工面积	0.0000	...	0.0000	...	1.0000
		X24：新开工面积	0.0000	...	0.4252	...	0.8003
		X25：房地产企业利润总额	0.0000	...	0.0000	...	0.0001
		X26：房地产企业经营收入	0.0000	...	0.2592	...	1.0000
	房地产市场发展潜力A3	X27：人均GDP增速	0.2122	...	0.6965	...	0.0545
		X28：常住人口数量	0.0000	...	0.5256	...	1.0000
		X29：城镇化率	0.0000	...	0.5097	...	1.0000
		X30：城镇居民人均可支配收入	0.0000	...	0.3397	...	1.0000
		X31：商品房销售额增长率	0.5141	...	0.0000	...	0.5469
		X32：商品房销售面积增长率	0.7143	...	0.0000	...	0.6211
		X33：土地购置面积增长率	0.0001	...	0.0001	...	0.0001
		X34：房地产投资增长率	0.6365	...	0.6962	...	0.1830
		X35：新开工面积增长率	0.8250	...	0.3939	...	0.4046

5.3 基于最小差距最大化的组合赋权实证研究

根据第四章构建的指标赋权方法体系,进行实证分析,首先分别用AHP、熵权和标准差法,计算单一指标权重,然后用最小差距最大化方法,计算组合权重。

5.3.1 AHP法计算主观权重

根据准则层下的指标,判断各个准则层的权重:(A1)房地产市场成熟程度;(A2)房地产市场运行情况;(A3)房地产市场发展潜力。这三个准则层的判断矩阵如表5-3所示。

表5-3 准则层判断矩阵

	A1	A2	A3	权重
A1	1	1/3	3	0.2605
A2	3	1	5	0.6333
A3	1/3	1/5	1	0.1062

经计算 $CR = 0.0372 < 0.1$ 符合一致性检验判别标准,一致性检验通过。
(A1)房地产市场成熟程度判断矩阵如表5-4所示。

表5-4 房地产市场成熟程度判断矩阵

	X1	X2	X3	X4	X5	X6	X7	X8	X9	X10	X11	X12	X13	权重
X1	1	1	1	3	3	5	3	5	7	3	1/3	1	7	0.1174
X2	1	1	1	3	3	5	3	5	7	3	1/3	1	7	0.1174

续表

	X1	X2	X3	X4	X5	X6	X7	X8	X9	X10	X11	X12	X13	权重
X3	1	1	1	3	3	5	3	5	7	3	1/3	1	7	0.1174
X4	1/3	1/3	1/3	1	1	3	1	3	5	1	1/5	1/3	5	0.0524
X5	1/3	1/3	1/3	1	1	3	1	3	5	1	1/5	1/3	5	0.0524
X6	1/5	1/5	1/5	1/3	1/3	1	1/3	1	3	1/3	1/7	1/5	3	0.0253
X7	1/3	1/3	1/3	1	1	3	1	3	3	1	1/5	1/3	5	0.0499
X8	1/5	1/5	1/5	1/3	1/3	1	1/3	1	3	1/3	1/7	1/5	3	0.0253
X9	1/7	1/7	1/7	1/5	1/5	1/3	1/5	1/3	1	1/5	1/9	1/7	1	0.0136
X10	1/3	1/3	1/3	1	1	3	1	3	5	1	1/5	1/3	5	0.0524
X11	3	3	3	5	5	7	7	7	9	5	1	3	9	0.2456
X12	1	1	1	3	3	5	3	5	7	3	1/3	1	7	0.1174
X13	1/7	1/7	1/7	1/5	1/5	1/3	1/5	1/3	1	1/5	1/9	1/7	1	0.0136

经计算 $CR = 0.0247 < 0.1$，符合一致性检验标准，一致性检验通过。

（A2）房地产市场运行情况判断矩阵如表5-5所示。

表5-5 房地产市场运行情况判断矩阵

	X14	X15	X16	X17	X18	X19	X20	X21	X22	X23	X24	X25	X26	权重
X14	1	1	3	3	1	7	7	3	3	3	3	5	5	0.1666
X15	1	1	3	3	1	7	7	3	3	3	3	5	5	0.1666
X16	1/3	1/3	1	1	1/3	5	5	1	1	1	1	3	3	0.0682
X17	1/3	1/3	1	1	1/3	5	5	1	1	1	1	3	3	0.0682
X18	1	1	3	3	1	7	7	3	3	3	3	5	5	0.1666
X19	1/7	1/7	1/5	1/5	1/7	1	1	1/5	1/5	1/5	1/5	1/3	1/3	0.0156
X20	1/7	1/7	1/5	1/5	1/7	1	1	1/5	1/5	1/5	1/5	1/3	1/3	0.0156
X21	1/3	1/3	1	1	1/3	5	5	1	1	1	1	3	3	0.0682
X22	1/3	1/3	1	1	1/3	5	5	1	1	1	1	3	3	0.0682
X23	1/3	1/3	1	1	1/3	5	5	1	1	1	1	3	3	0.0682
X24	1/3	1/3	1	1	1/3	5	5	1	1	1	1	3	3	0.0682
X25	1/5	1/5	1/3	1/3	1/5	3	3	1/3	1/3	1/3	1/3	1	1	0.0298
X26	1/5	1/5	1/3	1/3	1/5	3	3	1/3	1/3	1/3	1/3	1	1	0.0298

经计算 $CR=0.0158<0.1$，符合一致性检验标准，一致性检验通过。

（A3）房地产市场发展潜力判断矩阵如表 5-6 所示。

表 5-6 房地产市场发展潜力判断矩阵

	X27	X28	X29	X30	X31	X32	X33	X34	X35	权重
X27	1	1/3	1/3	1	1/3	1	3	3	3	0.0868
X28	3	1	1	3	1	3	5	5	5	0.2111
X29	3	1	1	3	1	3	5	5	5	0.2111
X30	1	1/3	1/3	1	1/3	1	3	3	3	0.0868
X31	3	1	1	3	1	3	5	5	5	0.2111
X32	1	1/3	1/3	1	1/3	1	3	3	3	0.0868
X33	1/3	1/5	1/5	1/3	1/5	1/3	1	1	1	0.0354
X34	1/3	1/5	1/5	1/3	1/5	1/3	1	1	1	0.0354
X35	1/3	1/5	1/5	1/3	1/5	1/3	1	1	1	0.0354

经计算 $CR=0.0099<0.1$，符合一致性检验标准，一致性检验通过。

计算各指标对目标层的权重，分别用对应准则层的权重值乘以指标层权重，计算结果如表 5-7 中第 4 列（AHP 列所示）。

5.3.2 熵权法计算客观权重

将表 5-2 中的数据，代入式（4-11）至式（4-13），计算出指标熵权，填入表 5-7 中对应的第 5 列熵权法列。

5.3.3 标准离差法计算客观权重

将表 5-2 中的数据代入式（4-14）、式（4-15），计算出指标标准离差权重，填入表 5-7 第 6 列标准离差法列。

表5-7 指标和准则层的权重

目标层	准则层	指标层	权重			
			AHP	熵权法	标准离差	组合权重
中国房地产市场发展状况评价指标体系	房地产市场成熟程度 A1	X1：住房消费支出比	0.0306	0.0395	0.0361	0.0394
		X2：房屋租售比	0.0306	0.0172	0.0321	0.0172
		X3：土地有偿使用率	0.0306	0.0125	0.0313	0.0125
		X4：土地二级市场活跃度	0.0136	0.0333	0.0215	0.0137
		X5：房地产开发金融信贷比	0.0136	0.0099	0.0289	0.0288
		X6：房地产开发投资开放度	0.0066	0.0123	0.0254	0.0066
		X7：投资多样化指标	0.0130	0.0200	0.0324	0.0130
		X8：房地产人才市场或平台建设情况	0.0066	0.0137	0.0365	0.0365
		X9：房地产开发企业中外资企业从业人员比例	0.0035	0.0102	0.0260	0.0036
		X10：房地产市场中介组织的发育程度	0.0136	0.0097	0.0325	0.0325
		X11：政策干预度	0.0640	0.0085	0.0337	0.0085
		X12：房地产行业中非国有经济投资活跃度	0.0306	0.0037	0.0205	0.0305
		X13：房地产行业中非国有经济就业贡献度	0.0035	0.0059	0.0268	0.0267
	房地产市场运行情况 A2	X14：房地产市场集中度指数（从业人数）	0.1055	0.0060	0.0225	0.0063
		X15：房价收入比	0.1055	0.0157	0.0283	0.0814
		X16：房价增长率与GDP增长率之比	0.0432	0.0143	0.0217	0.0422
		X17：房地产开发投资额增长率与GDP增长率之比	0.0432	0.0083	0.0281	0.0087
		X18：商品房空置率	0.1055	0.0152	0.0294	0.1054
		X19：房地产企业个数	0.0099	0.0129	0.0350	0.0350
		X20：房地产业从业人数	0.0099	0.0139	0.0327	0.0327
		X21：本年完成房地产开发投资额/GDP	0.0432	0.0117	0.0309	0.0432
		X22：本年购置土地面积	0.0432	0.1574	0.0230	0.0386
		X23：房屋施工面积	0.0432	0.0969	0.0329	0.0852
		X24：新开工面积	0.0432	0.0159	0.0329	0.0432
		X25：房地产企业利润总额	0.0189	0.1574	0.0230	0.0350
		X26：房地产企业经营收入	0.0189	0.0224	0.0297	0.0296
	房地产市场发展潜力 A3	X27：人均GDP增速	0.0092	0.0171	0.0283	0.0093
		X28：常住人口数量	0.0224	0.0114	0.0290	0.0289
		X29：城镇化率	0.0224	0.0122	0.0299	0.0299
		X30：城镇居民人均可支配收入	0.0092	0.0201	0.0313	0.0312

续表

目标层	准则层	指标层	权重			
			AHP	熵权法	标准离差	组合权重
中国房地产市场发展状况评价指标体系	房地产市场发展潜力A3	X31：商品房销售额增长率	0.0224	0.0089	0.0234	0.0090
		X32：商品房销售面积增长率	0.0092	0.0085	0.0250	0.0086
		X33：土地购置面积增长率	0.0038	0.1569	0.0230	0.0193
		X34：房地产投资增长率	0.0038	0.0069	0.0260	0.0039
		X35：新开工面积增长率	0.0038	0.0136	0.0304	0.0039

5.3.4 基于评分总差距最大化的指标组合权重

将表5-7中的数据第2~36行第4~6列，代入式（4-20）中，并采用Matlab编写程序，计算指标的组合权重，计算结果见表5-7指标权重的第7列。

下面，对根据四种赋权方法得到的中国房地产发展水平评价的最小差距进行对比，将表5-2中的标准化后的指标值和表5-7中的四种方法的权重代入式（4-21），计算出四种赋权方法的评分最小差距如表5-8所示。

表5-8 四种赋权方法的评分最小差距

	AHP	熵权法	标准离差	组合权重
最小差距	0.0018	0.0004	0.0026	0.0049

根据表5-8给出的计算结果可以发现，房地产发展水平的评价结果最终得分的最小差距最大的是通过组合赋权方法得到的计算结果，显然，根据这种组合赋权方法，可以更显著地区分中国不同年份房地产市场的发展水平，为更好地了解房地产市场的发展情况提供了科学依据。

5.3.5 2000~2016年的评价结果的计算和排名

将表5-7第7列的组合权重代入式（4-21），可得组合权重对应的不同年份的准则层和综合评价的评价值和排名。

表5-9 2000~2016年房地产发展水平评价值和排序

	序号	（1）	（2）	（3）	（4）	（5）	（6）	（7）	（8）
	评价方式	评价值	排名	评价值	排名	评价值	排名	评价值	排名
	评价对象	C_i^1	A1	C_i^2	A2	C_i^3	A3	C_i^4	综合
年份	2000	0.0677	17	0.0438	17	0.0184	17	0.1299	17
	2001	0.0804	16	0.0534	16	0.0217	16	0.1556	16
	2002	0.1014	15	0.0695	15	0.0249	15	0.1958	15
	2003	0.1300	14	0.0935	14	0.0350	14	0.2586	14
	2004	0.1465	12	0.1317	12	0.0393	13	0.3175	13
	2005	0.1440	13	0.1280	13	0.0516	11	0.3236	12
	2006	0.1565	9	0.1400	11	0.0449	12	0.3414	11
	2007	0.1594	8	0.1835	10	0.0637	9	0.4065	10
	2008	0.1602	7	0.1997	9	0.0517	10	0.4116	9
	2009	0.1683	6	0.2305	8	0.0686	8	0.4674	8
	2010	0.1700	5	0.2405	7	0.0734	7	0.4839	6
	2011	0.1520	11	0.2509	6	0.0761	5	0.4790	7
	2012	0.1543	10	0.3267	4	0.0745	6	0.5554	5
	2013	0.1998	1	0.4785	1	0.1053	1	0.7836	1
	2014	0.1968	2	0.3189	5	0.0812	4	0.5969	4
	2015	0.1848	3	0.3454	3	0.0895	3	0.6198	3
	2016	0.1768	4	0.4200	2	0.1031	2	0.6999	2

5.4 评价结果分析

5.4.1 中国房地产市场发展水平总体变化趋势

从评价结果可以看出，无论是综合评价状况，还是各准则层状况，中国

2000~2016年房地产市场发展水平变化很大。

从市场成熟度来看，2000~2010年指标呈发展上升趋势，说明我国房地产市场经过了较长时间的培育和建设，市场化程度越来越高，市场得到不断成熟和发展。2009年底至2011年初，政府连续出台文件进行宏观调控来抑制投机性购房需求，这一阶段是住房制度改革以后最强的负向调控周期，调控的频率和强度前所未有，并且出现了对于购房资格方面的行政性干预政策，表明政府公权力对于房地产市场运行进行了强势干预，从市场化发展角度来讲，则出现了明显的倒退趋势。如图5-1所示。

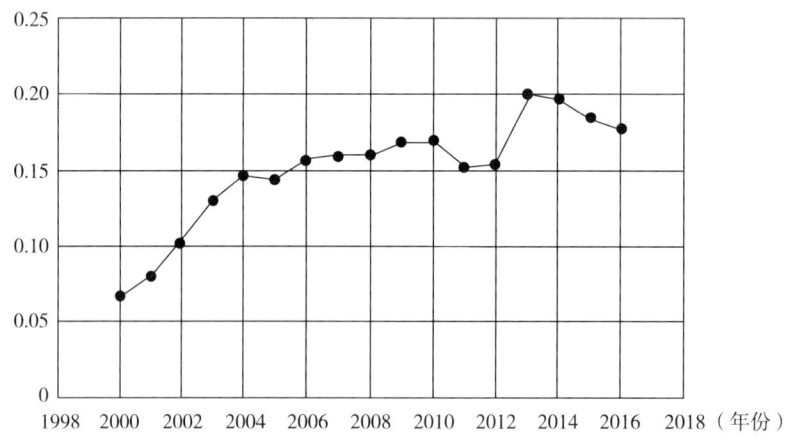

图5-1　房地产市场成熟程度分析

从房地产市场运行情况来看，从2000年开始，市场整体运行情况良好，房地产市场的效率指标呈现整体上升趋势，说明这一阶段整个房地产市场的发展欣欣向荣。2013年以后，市场表现下滑是由于政府对市场的调控趋于严格，导致市场观望情绪比较明显，市场的行情趋于冷淡，导致房地产市场出现了积压，产生了去库存的压力。同样是在政策干预的情况下房地产市场迅速回暖，政府又迅速出台抑制性干预政策。这说明市场表现的变化是由于政策的干预所导致，市场的供需力量的对比并没有发生根本性改变。如图5-2所示。

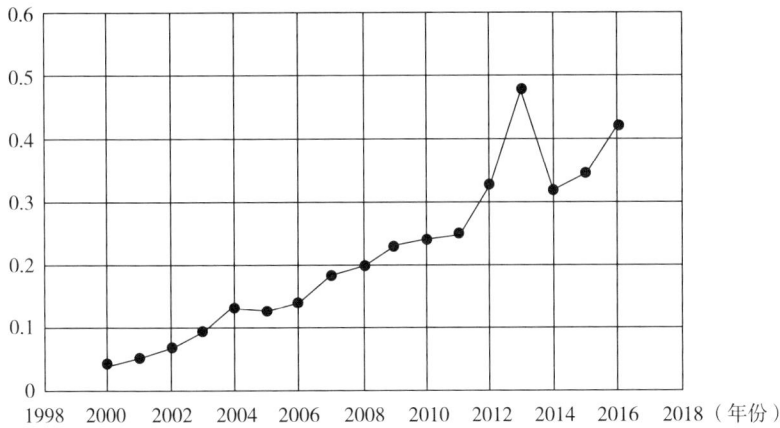

图 5-2 2000~2016 年房地产运行情况分析

从房地产市场发展潜力来看,也基本呈现逐步增强的态势。但房地产市场的发展潜力受宏观环境因素和市场引力的影响,因此关键因素的变化对市场的发展会产生较大影响。如图 5-3 所示。

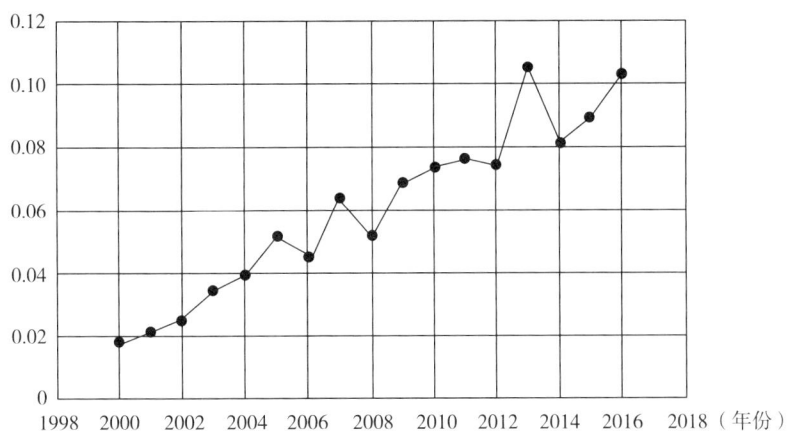

图 5-3 2000~2016 年房地产发展潜力情况分析

总的来说,2000~2016 年,中国房地产市场的发展水平基本呈现出上升的趋势，虽然中间也出现了一些回调，但总体发展水平较以前有一定的提升。

5.4.2 影响中国房地产发展水平的关键因素分析

从表5-7第7列可以看出，商品房空置率是影响房地产发展状况的重要指标，商品房空置率是衡量房地产市场的供应是否相对过剩的重要指标之一。由此可见，市场供求力量的对比是房地产市场发展的根本原因，因此，对于房地产市场的调控也应该着眼于市场供求力量的改变。本书使用的房屋空置率是考虑增量房屋的控制情况，即商品房空置率 =（当年竣工房屋面积 - 当年房屋销售面积）÷当年竣工房屋面积，该指标较高说明新增商品房的供给量大于市场的需求量。从数据对比可以看出，2000年左右，商品房空置率较高，达到25%以上，而随着中国房地产市场的逐步发展，房屋空置率有显著下降，如图5-4所示，这说明市场中需求力量在不断增强。

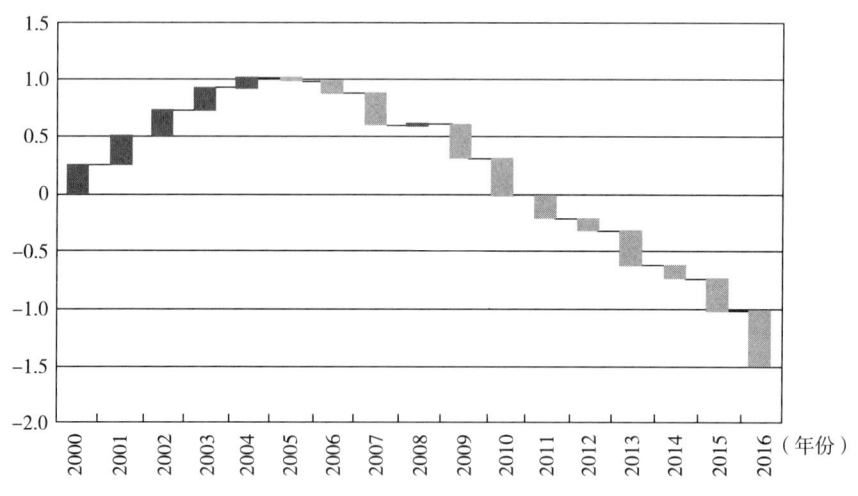

图5-4　2000~2016年商品房空置率变化趋势

对比其他指标的权重可知，房屋施工面积和房价收入比对房地产市场发展状况的评价也有重要的影响,房屋施工面积在一定程度上代表了该产业的发展规模和投资规模,房价收入比则代表了人们对住房的购买能力,房地产市场如果要得到可持续发展,一方面是总量的增长,房屋施工面积越大则意味着该产业开发规模的总量增加;另一方面是产品的销售情况,对房地产市场来说,房价收入比对房地产市场的销售量有着极其重要的影响,这反映出消费人群的购买能力,当房价收入比太高而远超消费者的购买能力时,就会影响其销售量,进而影响房地产市场的健康发展。

此外,新开工面积、房价增长率与GDP增长率之比、住房消费支出比、本年购置土地面积、房地产人才市场或平台建设情况、房地产企业个数、房地产企业利润总额、房地产业从业人数、房地产市场中介组织的发育程度、城镇居民人均可支配收入等对房地产市场发展的评价结果也有较大的影响。从这些指标的含义可以看出,一类指标代表的是市场规模,如新开工面积、本年购置土地面积、房地产企业个数、房地产业从业人数等;一类指标代表的是消费者购买力,如住房消费支出比、城镇居民人均可支配收入等。如前所述,这两类指标对推动房地产市场的良性发展有重要作用。除了上述两类指标,还有一类指标代表房地产市场的收益情况和外部环境,如房地产企业利润总额、房地产人才市场或平台建设情况和房地产市场中介组织的发育程度等,一个产业要想发展,收益是支撑起其长期可持续发展不可忽视的重要因素,而产业发展要想越来越完善,相应的人才和配套环境建设也非常重要,房地产人才市场或平台建设情况和房地产市场中介组织即为推动房地产市场健康发展的人才和客观配套条件。

综上可见,影响房地产市场发展的因素众多,而要想促进其长期可持续地良性发展,则应该兼顾市场发展规模的扩展和消费者的承受能力,并注意配套行业的建设和发展,单纯地注重扩大市场规模而忽视消费者的消费能力、忽略行业人才的培养和配套行业的建设,可能短期内产业会出现迅速发展,但将影响市场的长期可持续发展。

第6章 提升中国房地产市场发展水平的对策研究

6.1 加强房地产要素市场建设

经过多年的改革和发展，我国房地产产品市场正逐步完善和发展起来。但是，相对于产品市场，房地产要素市场的发展还相对比较滞后。房地产要素市场化改革十分复杂，土地市场、金融市场、人才市场、技术市场等不仅特性差异较大，而且市场化改革进程也不相同。要素市场的建设中存在很多制度性障碍，因此，需要先做好顶层设计，再由相关政府部门有针对性地分层、分类推进。

6.1.1 加强土地市场建设

6.1.1.1 调整土地供给结构

第一，调整工业用地和商业及住宅用地比例。

我国的土地供应主要包括工业用地和商业及住宅用地两大方向。长期以来，工业用地供给量比较充足、低价供给；而商业及住宅用地供给量有限、高价供给，在我国大多数城市，商业及住宅用地占建筑用地比例在30%左右。随着我国城镇化率的不断提高以及产业的转型升级，对工业用地的需求呈下降趋势，而商业和住宅用地在大多数地区呈现供不应求的状况。

参考国外发达国家的土地供应结构可以看到，日本住宅用地供应比例维持在60%左右，新加坡住宅用地的比重在70%左右，首尔、伦敦、纽约住宅用地占建设用地比重分别为63%、47%和42%，中国香港新增住宅用地比例也从2011年的48%提高到2016年的52%①。发达国家和地区给我们的启示是可以调整土地供给结构，增大住宅用地供应比例。

各地区可以根据地区实际情况确定合理的比例。可以评估各地区在城镇化进程中对现行用地需求的实际需求，切实衡量对土地的总量需求、结构需求、类型需求，进行精准化的土地供应管理。

第二，合理确定商品房和保障性住房比例。

在提高住宅用地总量的基础上还要考虑对于住宅市场的不同需求的供地结构调整。通过土地供应可以影响房地产市场的有效供给，即对满足低收入群体对住宅的刚性需求。因此，各地应该根据地区的实际特点和需求来确定商品房和保障性住房的供地比例，采用适合当地情况的方式进行保障房供地。现行较多的城市采用配建制。从优化土地资源、提高资源效率的角度考虑，也可以考虑将存量工业用地或商业用地转化为保障性住宅用地。

6.1.1.2 明确建设城乡统一的建设用地市场的关键问题

第一，需要明确市场主体问题。

《土地管理法》第10条规定："农民集体所有的土地依法属于农民集体所有的，由村集体经济组织或者村民委员会经营、管理；已经分别属于村内两个以上农村集体经济组织的农民集体所有的，由村内各该农村集体经济组织或者村民小

---

① 中国指数研究院. 我们梳理了大量国际经验，发现土地供给政策的三大趋势 [EB/OL]. http://www.sohu.com/a/240495021_313170, 2018-07-11.

组经营、管理;已经属于乡(镇)农民集体所有的,由乡(镇)农村集体经济组织经营、管理。"但是,"农民集体"并不是一个精确的实体概念,究竟由谁代表"农民集体"来行使农村集体经营性建设用地入市主体职权将会影响到市场的效率。笔者认为,可以参照股份企业形式来构建农村集体经营性建设用地入市主体,以基层村为区域划分基准,村民参照股份企业形式形成专门的组织体共同享有集体土地的所有权,共同参与相关的处置土地使用权的决策活动,并且以此作为基础未来分配土地使用权转让所形成的收益。

第二,需要明确市场客体的问题。

农村集体经营性建设用地允许上市流转以后,土地交易会带来高额的收益,尤其城市周边的地价较高,会给农民集体带来巨大的收益预期和诱惑,这非常容易对耕地红线产生冲击。因此,必须首先搞好集体经营性建设用地的摸底排查工作,搞清楚存量集体经营性建设用地的数量,并明确权属,才能够避免在未来的工作中留下隐患。

建设城乡统一的建设用地市场中还应该加以明确的是农村宅基地土地使用权是否可以进行流转。因为农村宅基地严格意义上讲并不属于"经营性建设用地"。一些学者认为,农民是依赖其身份而无偿获得了宅基地使用权,因此宅基地使用权不应该自由流转。笔者认为,可以参考无偿划拨的土地使用权的处置,同样是在取得时通过一定的资格限制获得无偿的划拨,但是当获得该使用权以后,其就具备了一般的物权属性,在一定条件下应该允许流转。对宅基地使用权需要在国家层面形成结论并形成有效力的文件,才有利于开展相关的工作。

在此基础上应该由省市政府机构牵头做好农村集体经营性建设用地的规划工作,要从当地整体情况和长远利益出发,去合理安排农村集体经营性建设用地的利用结构和布局,对土地开发、利用、整治、保护等方面做出统筹规划。

6.1.2 加强金融市场建设

6.1.2.1 适度放松金融管制

一方面，在金融安全允许的范围内，政府应适度放松对金融管理的力度和干预的频次，才有可能给房地产金融创新以环境空间，才有可能增强金融主体进行房地产金融创新的积极性，才有可能从内容上创新房地产金融工具。

另一方面，我国金融领域的法律法规基本完备，但是随着新型金融工具和金融业务的出现，仍然需要及时进行监管，只不过在监管方式上，应该由全面的监管转变为战略性、指导性的监管，即在明确监管目标的情况下，对具体的操作方式等给予适度行动的空间；在监管环节上，可以运用现代网络及监控技术，对运作流程和信息进行监管；在监管内容上，监管的重点由支付风险转向资产风险，更多关注风险程度较高的房地产信托、担保融资等。

6.1.2.2 创新金融工具

（1）打破分业经营限制，加强行业之间的合作，进行金融创新。由于分业经营管理的限制，商业银行、证券、租赁公司和保险业之间不能依托各自的优势来进行业务的创新和发展。因此，政策导向中如果能够有一定的合作空间，将有利于扬长避短、合作共赢，不仅为房地产业，也必将为整个金融业的创新提供更好的发展环境。

（2）运用互联网思维，与传统金融机构相结合就是一种创新，从产品和服务上寻找创新点。运用互联网既可以为风险管理提供新的支持和依据，也可以为资金的来源和使用提供创新的基础。互联网金融产品、互联网—传统金融结合的创新产品，都将为房地产市场带来总量更充裕、方式更灵活的资金支持。

6.1.3 加强房地产人才市场建设

6.1.3.1 从宏观层面上,房地产人才要素市场的发展是要打破人才流动的限制

(1) 打破人才流动的各种障碍,其深层次的突破口在于户籍制度的改革,以此为突破口,才有可能打破城乡和地域的分割和歧视。然而,以户籍制度改革会涉及多方面、多部门的改革,涉及社会保障、服务配套等问题。只有通过对制度的不断完善,使有能力在城镇稳定就业生活的常住人口有序实现市民化,才能够打破人才流动的根源性限制。

(2) 完善房地产人力资源市场体系的建设。房地产人才市场的建设,首先要建立庞大而完善的人才信息数据库,做好人才资源信息管理系统的登记和服务工作,这既为行业人才管理和规范奠定了数据基础,也为人才的交互和流动提供了基础。其次要加强人才流动平台的建设。目前,我国从全国层面和地方层面已经形成了一些房地产专业人才交流的网络平台,从政府层面可以进一步完善政府人才公共服务系统,逐步形成公共服务、市场服务、社会服务三位一体,相互补充的人才服务体系。从民营人力资源平台角度,可以有针对性地发展个性化人才市场平台,建立专业人才资源信息库、高技术骨干人才信息库、高级管理人才信息库等,形成差别化竞争优势。

(3) 建立人才服务协会,有组织地加强人才服务机构的合作,加强不同行业之间的人才交流。房地产业与建筑业、勘察设计业、项目咨询与管理业等行业密切合作,也存在人才互通的可能;房地产市场中也需要营销、公共关系等方面的人才,通过人才服务协会,可以进一步促进不同行业就业信息互联互通,更好地发挥市场配置人才资源的作用。

6.1.3.2 从微观层面来讲，各地区要为本地争取更多、更优秀的人才资源

各地政府部门要为引进和吸引更多优秀人才进行制度设计，这既有利于区域内重点行业的发展，也为房地产市场的发展提供了更多的需求，因为外来人口已经成为房地产市场增长的重要拉动因素。

各地区首先要考虑区域人才流动平台的建设，扩大区域人才流动平台的知名度和影响力。要充分利用互联网工具，让本地区的人才需求信息能够得以充分、及时地反映，也让区域就业岗位信息能够扩大传播面。

另外，要有一定的人才优惠政策，在工资待遇、职务晋升、职称评定、成长平台等方面进行倾斜，同时在住房保障、医疗保健、子女入学等基础设施建设方面加大投入，积极改善人才环境。用必要的投入换取优秀的人力资源，既有利于保障区域经济维持活力，又对区域房地产市场维持需求的强心剂。

同时还需要考虑研究制定党政人才、企业经营管理人才和专业技术人才交流的渠道和方法，让不同领域的人才进入到房地产行业，带来更多角度、更丰富的思维方式和创意。

6.2 促进非公有制经济在房地产市场的发展

6.2.1 法律层面的保护

鼓励、支持、引导非公有制经济发展，离不开法制的坚实基础和保护。事实上，非公有制经济在房地产市场中已经具有重要的地位、发挥着重要的作用，这当然离不开法律的保护。

但是，从法律层面上仍然可以进一步加强对非公有制经济财产权的保护工

作。如在《刑法》中，对公有制经济和非公有制经济仍然是区别对待的，公有制经济企业的财产属于"公共财产"，对非公有制经济财产也不属于此类范畴，工作人员对企业财产进行侵害之后构成的犯罪类型不同、量刑不同，相应的保护程度是有所差别的。

再如，经济法与民事侵权等方面的界定存在着模糊地带，违法所得和合法财产、个人财产和企业法人财产、涉案人员个人财产和家庭成员财产等的界定不清晰，导致非公经济企业家的人身权与财产权往往处在比较尴尬的境地，只有从法律层面加强对非公经济企业家的产权保护，才是非公有制经济发展的基石，依法保护产权是非公有制经济在房地产市场发展的必然要求。

从促进创新的角度，促进非公有制经济的发展还需要一个平等和宽容的法律环境。对于探索性的、创新性的经济活动，要坚持"法无禁止即可为"的原则。非公有制经济具有开拓和创新的勇气，非公有制经济主体在金融借款、民间借贷、融资担保、国外资本引入等方面在不断地尝试多渠道融资，在不违法的前提下，在法律工作中应该用审慎宽容的态度去面对新兴事物，根据法定原则的最新发展，帮助非公有制经济明确新型合同的法律效力，有助于提升和促进非公有制经济的发展。

6.2.2 政策层面的支持

第一，进一步拓宽和鼓励非公有制资本可进入的领域。

从房地产市场的角度，可以积极鼓励非公有制资本以灵活多样的方式进入不同领域。对于像铁路、公路、机场等交通事业、水利事业、市政公用事业等投资规模大、建设周期长，并且对技术和管理水平要求较高的领域，可以鼓励非公有制资本参股、联合投资，或者通过组建或参股相关产业投资基金等方式参与投资运营；对于物流基础设施等行业，可以探索和鼓励非公有制经济通过特许经营等方式进入；鼓励非公有制资本参与旅游地产、医疗地产、养老服务地产、教育和文体设施等领域项目建设和运营。

第二,给非公有制经济以平等的待遇。

促进非公有制经济在房地产市场的发展,需要给非公有制经济以平等的待遇。对于向非公有制经济已经开放的教育、卫生、养老等社会事业,需要在政策层面从土地使用、用水用电、税费征收等方面享受与政府投资项目同等待遇。在非公有制经济参与政府和社会资本合作(PPP)项目中,应出台政策推动非公有制企业参与PPP项目,与其他类型企业按同等标准进行要求、按同等机会对待,避免用不合理的采购条件对不同类型的资本和企业实行差别待遇或歧视性待遇。

第三,鼓励非公有制房地产企业参与国有企业改制重组。

可以鼓励非公经济积极参与国有企业改革和重组,既有利于国有经济布局调整和优化,增强了国民经济活力,也有利于促进非公有制房地产企业自身的发展。非公有制房地产企业通过并购、控股、参股国有企业和集体企业,既可以实现低成本扩展,又可以向新的产业发展或者转型。如非公有制房地产企业整合医疗、养老、教育等资源,就可以在地产开发的基础上向城市生活配套服务企业转型。

6.3 促进房地产中介行业的发展

6.3.1 政府层面的促进措施

第一,应出台法规和政策进一步规范房地产中介行业的发展。

国家针对房地产中介服务行业已经出台了一些行业政策,主要是从规范房地产中介服务市场运行出发,对房地产中介行业的人员、业务内容、相关的管理做出相应的规定。但是,我国房地产政策对于房屋买卖关注比较多,在房屋租赁立法方面还存在很多空白,因此房屋租赁市场缺少法律法规的规范。应当在国家层面尽快出台相关立法，对房屋租赁市场加以约束，通过法治手段遏制各种租房乱象，为房地产中介服务创造健康规范的服务环境。通过法律法规也可以明确中介公司责任、明确房屋租赁双方的权利和责任，指导快速解决房屋租赁纠纷机制，通过在立法中予以明确规定，这样将有利于房地产中介服务的健康发展。

目前，房地产中介行业的主要问题集中在没有明确标准收费、隐瞒房屋真实情况、发布虚假房源信息等方面。未来的政策方向应该对这些问题予以关注。

收费标准可以予以市场化以促进行业的市场竞争，但是，主管部门应该规范收费标准的透明和合理，如应要求房地产中介企业明示服务项目、服务内容、计费方式和收费标准，应在房地产中介服务合同中明确约定各项服务内容和收费标准。同时，主管部门应该会同价格主管部门对房屋成交价格和租金进行检测和分析，在此基础上定期发布房屋成交价格和租金，从而能够合理地引导市场预期，这种定期公开发布成交价格和租金信息的制度，既能为消费者提供重要的参考，又为预防房地产交易市场和租赁市场价格异常提供了数据基础。

出台政策加强房源信息发布管理，要做到房源信息的真实、全面、准确，需要对于信息发布的渠道和过程应该进行规范，如在门店、网站等不同渠道发布的同一房源信息应当一致、对于发布信息人员的资格和权限应该加以规范、发布信息的人员对信息负有更新和清理的责任、中介机构不能未经产权人书面委托就发布房源信息、不得隐瞒抵押等影响房屋交易的信息等。

政府应加强行业信用管理。政府应建设房地产中介行业信用管理平台，房管、价格、税务、工商行政、通信等主管部门可以将中介机构及从业人员不良行为记入信用管理平台，并向社会公示。在此基础上可以建立信用评级制度，对有严重失信行为的机构和个人，限制其从事各类房地产中介服务。

第二，应加强信息化建设。

房地产中介行业属于信息密集型的行业，在经营活动中对于信息有高度的依赖性。因此，信息的准确性和及时性是保证中介机构从事活动的数据基础，中介机构从事经营活动离不开信息收集、处理、传播的系统。通过计算机技术的应用，能够使信息的发布更便捷、信息的查询更便捷。因此，信息化平台的建设能够提高整个行业的效率。

信息化的建设工作一部分可以由企业来完成，商业利益会驱动中介机构企业去购买计算机设备、去利用网络，因为网络是各中介企业发布房屋信息最便捷的途径，也是成本比较低的获客方式。通过信息化平台，房地产中介企业可以对房源信息和客户信息进行快速、准确的管理，可以基于此进行有针对性的服务，从而建立自己的竞争优势。信息化平台也为买方提供了更多途径的服务和更多的选择，买方可以快速查询房源、可以看得到房屋的实景图片或三维图像、可以进行物业比较，甚至可以跨区域了解信息并完成交易。通过采用先进的计算机管理技术，房地产中介企业能够掌握并充分利用房屋信息和客户信息，结合自身的区域和资源优势，充分做大做强。

但是，同样源于利益的驱动，房地产中介企业有可能上传虚假的房源信息、隐瞒房屋的真实情况、夸大宣传，因此如何保障房源信息的真实性将是房地产中介行业信息建设中不能忽略的一个环节。这个环节需要政府加强监管，需要行业组织加强自律。政府应出台相关政策加强对于信息真实性的监管，建立相应的奖惩机制。

房地产中介行业的信息化建设中还有一个环节有赖于政府的推动，那就是信息的共享。

通过企业信息的共享，能够使房地产一级、二级、三级市场有效衔接并进行联动，从而形成产业信息链，这将为行业发展提供巨量的房地产信息，有利于整个行业的整体协调发展。通过信息的共享，政府能够获得更准确的数据以便对房地产行业进行更有效的监管，对房地产发展趋势进行更科学的预测，对于房地产市场进行更合理的调控。

6.3.2 企业层面的发展措施

第一，企业应该注重诚信，打造企业品牌。

树立品牌能够帮助企业取得竞争优势，而诚信是树立企业品牌的首要途径。

只有通过诚信服务,才能够使消费者对品牌产生信任,并在此基础上建立美誉度和忠诚度。知名品牌会吸引更多的客户,也会为企业吸引更多的资源。企业通过建立品牌形象,可以扩大规模,从而可以更好地统筹信息、人员、设备、资金等资源,进行优化配置,从而获得规模效应。企业规模的扩大也为房地产中介行业的发展集聚能量,有利于房地产中介行业的发展壮大。

第二,提高人员素质,提升服务水平。

中介机构从业人员素质的高低既决定了中介机构能够提供的服务水平,也决定了企业的经济效益。实践证明,高素质的中介从业人员能够通过专业的基础知识和专业的操作水平,为消费者提供高水平的服务,为消费者提供准确而充分的房源信息,提供房地产政策、房地产投资、房地产交易、房地产手续办理等相关的专业咨询。只有中介机构从业人员为客户提供了专业化的服务,使客户感到满意,才能够吸引客户、留住客户、促成交易、为中介企业带来经济效益。因此,房地产中介企业一方面应该要求房地产中介从业人员必须经过严格的职业培训,并具有相关部门审核考试的资格证明才能上岗;另一方面应该加强企业内部培训,提高企业员工的技能水平,培养和强化员工的服务意识。

第三,挖掘客户需求,服务内容创新。

首先,在二手房交易中,客户需要包括政策咨询介绍、房地产价格评估、交易合同签订、办理抵押贷款、进行装饰装修等多方面的服务,房地产中介企业可以根据客户的需求建立服务套餐,为客户提供定制化的服务。随着房地产市场的发展,代办过户、代办抵押贷款等代办业务、房屋租赁业务也具有比较旺盛的需求。房地产中介企业可以通过在为客户服务过程中不仅要按顾客的需要提供服务,也要注意对用户需求的挖掘,引导客户的需求,从而可以提供延展性的服务。

其次,房地产中介机构可以根据自身情况,有实力的房地产中介机构可以进入一手房地产市场的销售环节。由于房地产中介机构可以同时代理多个楼盘项目,能为消费者提供多样化的选择和参考,而且房地产中介机构在取得一手房代理资格时有可能采取客户团购的方式,获得较低的成本,因此往往具有价格上的优势。通过业务链的延长房地产中介企业可以获得更多的竞争优势，也有利于整个行业的长远发展。

6.4 理顺政府和市场的关系，建立长效调控机制

6.4.1 理顺房地产市场中政府与市场的关系

对政府和市场关系的研究是经济学界始终在讨论的核心问题，迄今为止并没能找到放之四海而皆准的标准答案，不同国家的政府和市场关系在不同的发展阶段，由于所面临的问题不同而存在着显著差异。

现阶段我国房地产市场中，政府仍然需要参与资源的配置，这是由于：

（1）我国的房地产市场存在着天然的垄断。我国的土地所有制形式是社会主义公有制，其中，"全民所有"的土地使用权是由国务院代表全体人民行使。而土地具有稀缺性，国家对土地的供给通过土地规划的方式实现，这种规划毫无疑问将具有分配管理和垄断的性质。这种垄断将削弱市场可以发挥作用的程度。

（2）我国的房地产市场难以在短时间内由其自身实现均衡。住房市场无法自我实现均衡的理由主要在于两个方面：第一，房地产市场的信息比较有限，如无法预测和估计政治经济政策的变化、无法准确预计房地产市场的变化趋势等；而且买卖双方信息存在着比较显著的不对称性，以一级市场为例，房地产市场中的卖方是房地产开发企业，买方是消费者，卖方比买方掌握更多的信息，这些既包括房屋本身的使用价值指标，如地理位置、配套设施、房屋质量、户型、物业管理等信息，也包括房屋的经济成本和利润水平等信息。买方通常只能获得商品房开发企业公开的基本信息，以及自己的有效支付能力和消费偏好等有限信息。第二，房地产价格缺乏灵活的弹性，因为房屋没有完全替代品，因此房屋的短期

供应弹性比较小,价格就比较刚性。因此,市场机制对于房地产市场的调节作用是有限的,房地产市场的自我调节从理论上需要较长的时间。但是国民经济运行和社会的发展无法承受房地产市场长时间的剧烈震荡所带来的影响,因此需要政府通过各类政策工具对市场进行干预,以帮助房地产市场在短期内恢复相对均衡的状态。

(3) 住房是一种特殊的商品,从微观个体上讲,它是居民家庭的财产,是可以通过市场获得的商品。但是从宏观上讲,对于整个社会来说,它是人类生活必不可少的产品,"居者有其屋"既是人民的美好愿望,也是政府追求的保持社会稳定的福利目标,因此住房是保障社会整体福利水平必不可少的物品。为了确保整体社会维持在一定的稳定状态,就必须保障绝大多数居民能够维持基本生活所需。因此,当中低收入居民无法通过市场满足基本的居住需求时,政府就必须想办法为中低收入群体解决这一问题。

6.4.2 建立房地产市场的长效调控机制

(1) 明确政府对房地产市场进行调控的核心目标。只有明确了调控目标才能够使调控措施有的放矢。根据上文的分析可以看到,房地产市场需要政府调控,这也决定了房地产市场调控的核心目标:一是保障居民基本居住所需。既然是基本居住所需,实际上是考虑如何解决中低收入群体的居住问题,即住有所居的问题。这是多目标体系中的核心和基本目标,因此调控政策的重点应该在于中低收入群体居住问题的解决;二是在必要的时候帮助房地产市场趋向于均衡状态。事实上绝大多数产品市场处于非对称信息的非均衡状态,房地产市场也很难在现实经济生活实现均衡状态。因此,对于此项应该明确调控的具体目标是什么,而不仅以平抑房价作为目标;三是提高对于资源配置的效率,作为土地资源的所有者,提高土地资源的使用效率是土地政策的根本出发点。

(2) 减少行政手段的直接运用。政府的调控也需要尊重市场的运行规律,行政手段的过度使用会对市场机制的基础建设造成伤害。通过行政手段进行直接的干预，既容易造成权力寻租的可能，也会进一步加强房地产市场的垄断性，从而伤害市场主体的利益和需求。政府在使用调控政策时应尽量使用有利于促进市场化运作的调控手段，清晰地界定清楚调控的意图和调控的范围，不要过度干预市场自身的调节机制，应该成为市场机制的补充而不是导致市场完全失灵。

（3）实施差异化的调控政策。我国房地产市场出现了明显的分化趋势，区域化特点已经对房地产市场的发展和走向产生了深刻的影响。一方面，一线、二线、三线城市的划分模式为房地产市场的调控区分了城市类型；另一方面，城市群为核心的划分模式对分类调控提供了启示。作为我国经济活跃度最高的地区，长三角、珠三角和京津冀三大城市群与中西部地区从房地产市场的需求到供给都具有明显的差异化。因此，政府实施调控时要尽量避免"一刀切"，而是应该分类调控，针对不同的市场环节、不同的区域，有针对性地给予调控。可将中央调控和地方调控有机结合，中央调控定基调，地方调控定措施；中央调控解决深层次、长期性问题，地方调控着眼于热点的、当前的问题。

6.5 转变增长方式，培育新的增长点

回顾我国房地产市场的发展历程可以看到我国房地产市场发展的内在逻辑是城市化导致土地和房地产价格持续上涨会带来高额收益，因此吸引更多的资金进入房地产市场，从而导致实体经济的资金投入量减少；一部分地方政府把建设新城作为经济增长的动力，但是缺少足够的流动人口流入导致部分地区房地产库存的增加。投资的不均衡与房地产需求的不均衡导致了市场的不均衡程度增加。随着需求被逐步地释放和消化，资金的投放必须转变增长方式或者培育新的增长点。对于房地产行业来说，必须谋求产业的升级或者转型。

6.5.1 转变增长方式

（1）创新生产模式。市场环境的转变要求房地产企业转变增长方式。目前，我国房地产行业还处在比较粗放式的管理方式阶段，行业发展首先要从创新入手。创新既包括技术创新，也包括管理的创新，如从传统的房屋建造方式向模块化生产方式的转变，这里就既包含了对设计与组装技术的创新，也包括企业组织分工方式的创新。其次，生产模式的创新要注重生产方式的创新，提高资源的利用效率。土地资源是房地产企业的重要生产要素，通过对于土地的立体式开发和建筑的立体规划，可以对各种不同需求类型的商品房的组合、地上和低下空间的有效组合，提高土地的利用效率。

（2）创新商业模式。互联网和人工智能的发展为商业模式的创新提供了基础和平台。房地产开发企业可以以人工智能和大数据作为助力器，对顾客的需求、偏好进行细分，用精细化的产品定位、精细化的营销策略取代投资导向型的粗放发展。根据客户的需求可以提供多元化或者复合型的房地产产品服务，如在政府提出积极发展租赁市场的背景下，精确定义目标客户群需求，租售结合、整合资源，提供房地产产品及附加服务。通过互联网平台和人工智能对于用户的了解，房地产企业可以为客户"量身定做"个性化的产品和服务，甚至可以向产业链外延伸，提供更综合性的产品和服务。

（3）重新定义目标市场。在政府调控的作用下，我国房地产市场出现了区域化分化的现象。房地产企业要区分一线、二线、三线城市和城市群特征，根据企业的发展战略，重新定义目标市场，确定目标客户区域特征。

6.5.2 培育新的增长点

（1）利用产业优势进入新兴市场。房地产市场对资金的依赖度较高，同时也有相当一部分企业具有雄厚的资金实力。购买土地、房屋开发、房屋销售、物业管理环节依赖资金的支持,同样有可能衍生出新的金融需求,以房屋施工环节为例,房地产开发企业可以为原材料供给商提供供应链金融服务,因此房地产开发企业可以进入金融市场,开拓新型金融服务。当今社会是信息社会,信息既是房地产市场发展必不可少的要素,同时也是房地产市场的产出物,房地产行业在购买土地、房屋开发、房屋销售、物业管理环节的活动中会产生大量的数据。房地产企业基于经营环节中所产生的大数据,发展数据服务或者是基于大数据提供有针对性的服务。

(2) 满足客户综合性的需求。如随着客户从简单的购房居住需求转变为对居住和家装条件、物业服务水平等的综合需求,房地产企业可以将家装、物业服务、租赁等上下游产业链服务型附加业务价值。房地产综合服务业是一个新兴的发展方向,房地产企业可以根据自己在产业链中所拥有的资源,提供多层次复合型的服务。

(3) 产业地产是新兴的业态。房地产企业由于要从事开发工作会有机会接触多种行业,可以根据自身的核心竞争力和所拥有的资源开发产业地产,如与养老产业相结合所形成的养老地产项目、与医疗产业融合所形成的医疗地产项目、与旅游产业所融合形成的旅游地产、特色小镇和商业地产等项目、与产业园区相结合所形成的园区地产项目等。

6.6 结束语

通过对中国房地产市场发展历程的回顾、现状的总结、调控政策变化的分析,改革开放40年来房地产市场发展的波澜壮阔历历在目。通过对中国房地产市场发展情况的定量分析,我们既看到了房地产市场取得的成果,也更加清晰地认识到影响中国房地产市场发展的关键因素。只有明晰发展目标,加强要素环境建设,有针对性地制定调控政策,不断培育新的增长点,加快转型,才能够建立中国房地产市场的长效发展机制。

参考文献

[1] 鲁君四. 中国房地产业发展对经济增长的影响研究 [D]. 吉林大学博士学位论文, 2017.

[2] 光宇吐楼市. 中国房地产40年发展历程的6个阶段, 那时候房价68元也买不起 [EB/OL]. https://baijiahao.baidu.com/s?id=1596635612782924393&wfr=spider&for=pc, 2018-04-02.

[3] 谢中秀. 房地产长效机制稳步推行 [EB/OL]. 时代周报, http://house.hexun.com/2018-11-14/195202080.html, 2018-11-14.

[4] 胡朝晖. 房地产市场供求均衡与房地产价格研究——以北京商品房市场为例 [J]. 数学的实践与认识, 2014 (3).

[5] 中指研究院. 中国房地产市场2018总结&2019展望, https://fdc.fang.com/news/2018-12-18/30697932.htm, 2018-12-28.

[6] 岳亚卿. 河北省房地产市场供求的影响因素分析及预测 [D]. 河北大学硕士学位论文, 2016.

[7] 薛菲, 袁汝华. 城镇化水平对我国房地产业影响的实证分析 [J]. 经济地理, 2014 (4): 78-83.

[8] 向为民. 房地产产业属性及产业关联度研究 [D]. 重庆大学博士学位论文, 2014.

[9] "新常态下我国房地产市场的供求关系研究"课题组. 我国房地产市场供求关系及房地产对经济的影响——新常态下我国房地产市场的供求关系研究 [J]. 调研世界, 2016 (4): 8-13.

[10] 李秀婷,刘凡口,吴迪,董纪昌,高鹏. 基于投入产出模型的我国房地产业宏观经济效应分析 [J]. 系统工程理论与实践,2014,2(34):323 - 336.

[11] 王雪青,陈媛,刘炳胜. 中国区域房地产经济发展水平空间统计分析——全局 Moran's I、Moran 散点图与 LISA 集聚图的组合研究 [J]. 数理统计与管理,2014,1(33):59 - 71.

[12] 廖厥椿. 中国房地产市场价格的区域特征以及与实体经济的关联性——源自空间计量经济学习的实证分析 [D]. 华东师范大学硕士学位论文,2011.

[13] 智研咨询.2017~2022 年中国房地产行业深度调研及投资前景预测报告 [R]. http://www.chyxx.com/industry/201703/503496.html,2016.

[14] 张璋,周海川. 我国一二三线城市房价互动机制研究 [J]. 上海经济研究,2018(1):74 - 83.

[15] 杨璐璐. 中国土地政策演进阶段性结构特征与经济发展转型 [J]. 天津财经大学学报,2004(2):104 - 113.

[16] 李建建,戴双兴. 中国城市土地使用制度改革 60 年回顾与展望 [J]. 经济研究参考,2009(63):2 - 10.

[17] 肖教燎. 土地政策传导机制与路径的分析与仿真——以江西省为例 [D]. 南昌大学博士学位论文,2010.

[18] 卢为民,于晓峰. 土地政策在房地产市场调控中的作用 [J]. 城市问题,2010(2):60 - 68.

[19] 张莉,年永威,皮嘉勇,周越. 土地政策、供地结构与房价 [J]. 经济学报,2007,4(3):91 - 118.

[20] 王国刚. 简论货币、金融与资金的相互关系及政策内涵 [J]. 金融评论,2011(2):1 - 21.

[21] 韩双林,马秀岩. 证券投资大辞典 [M]. 哈尔滨:黑龙江人民出版社,1993.

[22] 况伟大. 利率对房价的影响 [J]. 世界经济, 2010 (4): 134-145.

[23] 程瑶. 房地产税收政策调控效果实证研究——基于江苏省的调研数据 [J]. 中央财经大学学报, 2012 (2): 18-22.

[24] 应松年. 行政法学新编 [M]. 北京: 中国方正出版社, 1999.

[25] 王博永, 杨欣. 基于网络搜索的房地产政策调控效果研究 [J]. 管理评论, 2014, 26 (9): 78-88.

[26] 凌维慈. 规制抑或调控: 我国房地产市场的国家干预 [J]. 华东政法大学学报, 2017 (1): 35-45.

[27] 丹尼斯·J. 麦肯齐等. 房地产经济学 [M]. 北京: 经济科学出版社, 2003.

[28] 郭熙保, 周军. 发展经济学 [M]. 北京: 中国金融出版社, 2007.

[29] 郭清霞. 中部六省省会城市房地产业发展水平研究 [D]. 山西财经大学博士学位论文, 2017.

[30] 杨文武. 中国房地产业指标体系建立的理论分析与实证研究 [D]. 四川大学博士学位论文, 2003.

[31] 沈亚婷. 兰州房地产市场的评价分析与发展研究 [D]. 西安建筑科技大学博士学位论文, 2007.

[32] 尚国琲, 李成刚等. 河北省房地产经济发展水平评价研究 [J]. 石家庄经济学院学报, 2008 (10): 33-36.

[33] 刘广平, 陈立文. 房地产市场发展状况比较研究 [J]. 未来与发展, 2010 (3): 93-96.

[34] 冯玉冰. 基于因子和聚类分析的我国房地产经济发展水平评价 [J]. 市场研究, 2012 (12): 29-34.

[35] 夏春光, 张英佳, 李雪铭. 省域房地产开发综合评价与时空差异研究 [J]. 商业时代, 2014 (17): 130-132.

[36] 何凤琴. 江西省房地产市场发育地区差异性研究 [D]. 华东理工大学硕士学位论文, 2016.

[37]"对我国房地产市场发展的分析与思考"课题组. 我国大中城市房地产市场发展水平评价 [J]. 调研世界, 2016 (1): 11-14.

[38] 张淑君. 基于主成分分析法的安徽省房地产业可持续发展综合评价研究 [D]. 安徽建筑大学硕士学位论文, 2017.

[39] 曹振良, 傅十和. 中国房地产市场化测度研究 [J]. 中国房地产, 1998 (7): 13-22.

[40] 陈宗胜. 中国经济体制市场化进程研究 [M]. 上海: 上海人民出版社, 1999.

[41] 张传勇, 丁祖昱, 段芳. 城市化、房地产市场成熟度与投资前景研究 [J]. 经济体制改革, 2014 (6): 62-66.

[42] 李娟, 吴群等. 土地市场成熟度及其量度体系研究 [J]. 中国土地, 2006 (11): 12-14.

[43] 郭连强, 刘力臻, 祝国平. 我国房地产金融创新面临的突出问题与对策 [J]. 经济纵横, 2015 (3): 103-108.

[44] 林睿, 董纪昌. 基于SVAR模型的中国房地产金融条件指数: 构建与分析 [J]. 投资研究, 2015 (4): 114-128.

[45] 郭连强, 刘力臻, 祝国平. 我国房地产金融创新面临的突出问题与对策 [J]. 经济纵横, 2015 (3): 103-108.

[46] 彭小玲, 蔡立辉. 貌离神合: 市场中介组织行业自律的行政化现象研究 [J]. 行政管理, 2016 (3): 97-102.

[47] 陈亚辉. 政府与中介组织: 互动关系分析及协作机制构建 [J]. 价值工程, 2010 (8): 114-115.

[48] 陈英存. 我国房地产经纪业管理模式研究 [D]. 同济大学博士学位论文, 2007.

[49] 陈东焰. 政府作用与市场机制——以房地产市场调控为例 [J]. 中国市场, 2015 (51): 163-164.

[50] 闫国平. 上海房地产市场价格影响因素研究 [D]. 同济大学博士学位

论文，2007.

[51] 东方早报. 马光远：央企为什么必须退出房地产业 [EB/OL]. http: //news. 163. com/10/0322/08/62C9Q47V00012Q9L. html，2010-3-22.

[52] 吴汉洪. 产业组织理论 [M]. 北京：中国人民大学出版社，2018.

[53] 王新军. 中国房地产业市场集中度分析 [J]. 探索与争鸣，2005 (10)：26-27.

[54] 翟帅，殷宇飞，钱晨绯等. 关于我国房地产价格的稳定性研究 [J]. 价格理论与实践，2017 (3)：151-154.

[55] 沈斌，陈多长. 房地产市场健康标准与杭州的实证研究 [J]. 经济论坛，2009 (11)：61-66.

[56] 高寒. 国内房地产泡沫测评研究 [D]. 首都经济贸易大学硕士学位论文，2018.

[57] 段际凯. 中国房地产市场持续发展研究 [D]. 复旦大学博士学位论文，2003.

[58] 秦飞. 基于模糊综合评价的我国专业市场发展潜力评估模型研究 [D]. 浙江理工大学硕士学位论文，2012.

[59] 郭克莎. 中国房地产市场的需求和调控机制——一个处理政府与市场关系的分析框架 [J]. 管理世界，2017 (2)：97-108.

[60] 苏晶. 中国人口变化对房地产的影响 [EB/OL]. http: //www. sohu. com/a/240934176_485176，2018-07-13.

[61] 谢福泉，黄俊晖. 城镇化与房地产市场供需：基于中国数据的检验 [J]. 上海经济研究，2013 (8)：115-123.

[62] 周三多. 管理学（第二版） [M]. 北京：高等教育出版社，2005.

[63] 田红保. 论房地产业可持续发展评价的误区与核心体系 [J]. 中国房地产金融，2010 (3)：34-37.

[64] 吴福象，姜凤珍. 租售比、房价收入比与房地产市场调控 [J]. 当代财经，2012 (6)：80-88.

[65] 李娟, 吴群等. 城市土地市场成熟度及评价指标体系研究——以南京市为例 [J]. 资源科学, 2007, 7 (29): 187-192.

[66] 赵玲. 房地产市场基础理论探究 [J]. 中国市场, 2018 (31): 62-63.

[67] 涂丹. 中国房地产市场深化程度的实证研究 [D]. 华东师范大学硕士学位论文, 2014.

[68] 孙翊, 马胜男, 韩钰, 王铮. 若干房地产行业宏观调控工具的模拟和比较——以北京和上海为例 [J]. 2014 (8): 23-32.

[69] 江小国, 王先柱. 我国房地产市场垄断程度的变动趋势分析 [J]. 云南财经大学学报, 2015 (5): 40-48.

[70] 宏观经济研究院投资研究所课题组. 居民住房支付能力评价指标比较与分析 [J]. 宏观经济研究, 2005 (2): 35-37.

[71] 沈久沄. 对房价收入比科学涵义的再探讨 [J]. 中央财经大学学报, 2006 (6): 75-79.

[72] 吕江林. 我国城市住房市场泡沫水平的度量 [J]. 经济研究, 2010 (6): 28-41.

[73] 刘海猛, 石培基等. 中国城镇房价收入比时空演变的多尺度分析 [J]. 地理科学, 2015 (10): 1280-1287.

[74] 袁平, 吴洁. 中国房地产泡沫测度及其影响因素分析 [J]. 新财经, 2012 (3): 55-59.

[75] 沈斌, 陈长多. 房地产市场健康标准与杭州的实证研究 [J]. 经济论坛, 2009, 11 (21): 61-66.

[76] 谭希. 房屋空置率指标体系研究及应用——以重庆市为例 [D]. 重庆交通大学硕士学位论文, 2017.

[77] 刘水. 我国主要城市房地产发展潜力评价 [J]. 房地产开发, 2014 (20): 54-63.

[78] 熊华平, 陈凤丽, 田勇. 我国房地产业发展与城镇居民人均可支配收

入的关系研究 [J]. 建筑经济, 2013 (12): 92-95.

[79] 任林洁. 汽车制造业战略供应商评价方法——基于熵权 G1 的多层次综合评价法 [J]. 汽车工程师, 2011 (9): 51-55.

[80] 赵光华. 管理定量分析方法 [M]. 北京: 北京大学出版社, 2008.

[81] 薛冠夫. 大学科技园评价指标体系研究 [D]. 东北财经大学硕士学位论文, 2007.

[82] 章穗, 张梅, 迟国泰. 基于熵权法的科学技术评价模型及其实证研究 [J]. 管理学报, 2010 (1): 34-42.

[83] 王昆, 宋海洲. 三种客观权重赋权法的比较分析 [J]. 技术经济与管理研究, 2003 (6): 48-49.

[84] 姜昱汐, 吴雷等. 最小差距最大化组合赋权的软件服务外包产业核心竞争力评价模型及实证 [J]. 运筹与管理, 2014, 23 (4): 158-166.

[85] 李兴斯. 非线性极大极小问题的一个有效解法 [J]. 科学通报, 1991 (19): 1448-1450.

[86] 张丽丽, 张培爱, 李兴斯. 关于熵函数法中的几个问题 [J]. 运筹与管理, 2009, 18 (3): 74-77.

[87] 中国指数研究院. 我们梳理了大量国际经验, 发现土地供给政策的三大趋势 [EB/OL]. http://www.sohu.com/a/240495021_313170, 2018-7-11.